Susanne Brall

Breisach

Kleine Stadtgeschichte

VERLAG FRIEDRICH PUSTET
REGENSBURG

BIBLIOGRAFISCHE INFORMATION DER DEUTSCHEN NATIONALBIBLIOTHEK
Die Deutsche Nationalbibliothek verzeichnet diese Publikation in der Deutschen Nationalbibliografie; detaillierte bibliografische Daten sind im Internet über https://dnb.dnb.de abrufbar.

Gutenbergstraße 8 | 93051 Regensburg
Tel. 0941/920220 | verlag@pustet.de

ISBN 978-3-7917-3430-9
Reihen-/Umschlaggestaltung und Layout: www.martinveicht.de
Satz: Vollnhals Fotosatz, Neustadt a. d. Donau
Druck und Bindung: Friedrich Pustet, Regensburg
Printed in Germany 2023

eISBN 978-3-7917-6244-9 (epub)

Unser gesamtes Programm finden Sie unter
www.verlag-pustet.de

Inhalt

Ein Berg mit Anziehungskraft – von der Antike bis zum Mittelalter

In grauer Vorzeit

Im Jahr 369 n. Chr. besuchte Kaiser Valentinian I. (312–375) das römische Kastell auf dem Breisacher Münsterberg. Er erließ hier ein Gesetz, dessen Inhalt mit seinem Aufenthaltsort gar nichts zu tun hatte, ihn aber ausdrücklich benannte: Mons Brisiacus – die Wurzeln des heutigen Breisachs. Dies war die erste schriftliche Erwähnung Breisachs, weshalb die Stadt im Jahre 2019 stolz ihr 1650-jähriges Bestehen feierte. Die Anfänge der Besiedlung des Breisacher Bergs, der sich ungefähr 40 m über der Rheinebene erhebt, reichen aber noch weiter zurück.

Wer heute nach Breisach kommt, findet eine völlig andere Topografie vor als die Siedler der Antike. Durch Rheinbegradigung und Flurbereinigung hat sich die Landschaft vor allem in den letzten 200 Jahren stark verändert. Die Rheinauen waren breite sumpfartige Gebiete, die eine Besiedlung der Ufer nahezu unmöglich machten. Bis ins 19. Jh. floss der Hauptarm des Rheins westlich eng am Fuße des Breisacher Bergs vorbei, allerdings gab es auch östlich des Berges Nebenarme. Hochwasser veränderten häufig den Lauf des Flusses, so dass der schroffe Felsen manchmal sogar zur Insel wurde und auf beiden Seiten direkt vom Rhein umflossen wurde. Diese Situation spiegelt auch der spätere keltische Name des Ortes wider: »Brisiac«, der Wasserbrecher.

Der Münsterberg, geologisch ein Teil des längst erloschenen Vulkangebietes Kaiserstuhl, lag isoliert im Gewirr verschiedener Rheinarme und bot sich mehr als Schutz- und Fluchtort an, weniger als permanenter Siedlungsort. Er sah ursprünglich anders aus als heute: Es gab zwei Kuppen, im Süden und im Norden, mit einer deutlichen Senke dazwischen. Die Senke wurde aber schon zur Zeit der Kelten aufgefüllt, als

Ansicht des Breisacher Bergs aus dem 19. Jahrhundert. Bis zu seiner Begradigung floss der Rhein direkt an der Westseite des Bergs vorbei.

die Menschen begannen, den Berg nach ihren Vorstellungen zu formen. So wurde das Plateau geschaffen, auf dem die Oberstadt heute liegt.

Keltische Siedlungsspuren

Die Frage, ab wann Menschen den Breisacher Berg besiedelten, lässt sich noch nicht abschließend beantworten, auch wenn einzelne Funde nahelegen, dass schon die Menschen der Jungsteinzeit auf dem Berg lebten. Im 2. Jh. vor Chr. gründeten Kelten die Siedlung Breisach-Hochstetten. Sie verfügten über ausgezeichnete Handelsbeziehungen, wie Grabungsfunde belegen, und machten damit die Siedlung zu einem Warenumschlagplatz für Importgüter aus dem Süden.

Das Plateau des Breisacher Bergs misst ungefähr 550 auf 200 m und war daher zu klein, um eine größere Bevölkerungsgruppe allein durch Landwirtschaft und Viehzucht zu ernähren. Dafür aber bot der Berg erhebliche strategische Vorteile: Er fällt nach Osten, Westen und Süden schroff ab, nur im Norden neigt er sich etwas sanfter ins Tal, was das Anlegen von Zufahrtswegen erleichterte. Der offene Blick ins gesamte Umland war aus militärischer und strategischer Sicht ebenfalls vorteilhaft, konnte man doch schon frühzeitig erkennen, ob sich jemand in feindlicher Absicht näherte. Und nicht zuletzt konnte von dort oben der Verkehr auf dem Rhein kontrolliert werden, der schon in der Vor- und Frühgeschichte eine wichtige Rolle als Handelsroute spielte.

In der einschlägigen Literatur wird oft von einem keltischen »Fürstensitz« in Breisach gesprochen. Eine dichtere Besiedlung mit größerer Bevölkerungszahl und entwickelten Strukturen wird erst für das 1. Jh. vor Chr. angenommen. Münzfunde legen nahe, dass sich in Breisach in der späten Latènezeit eine keltische Münzstätte befand. Andere Funde zeigen, dass man auf dem Berg Importe aus südlichen Ländern wie Wein aus Marseille schätzte. Breisach war militärisch und wirtschaftlich nach Basel der wichtigste keltische Standort in der Oberrheinebene. Im 1. Jh. vor Chr. finden die keltischen Großsiedlungen am Hoch- und Oberrhein, ob nun in der Ebene oder auf den Höhen, ein abruptes Ende. Die Gründe dafür sind noch nicht klar – die Vermutungen reichen von innerkeltischen Machtkämpfen hin zu externen kriegerischen Bedrohungen durch einfallende Germanenstämme, die die einheimischen Kelten zur Auswanderung bewegten. Grabungsfunde legen nahe, dass die Besiedlung um 30 v. Chr. endete, und der Berg vermutlich völlig verlassen wurde.

Der Breisacher Berg mit der Oberstadt, von Westen. Am Südende des Berges steht das Münster.

Mons Brisiacus – das römische Breisach

Wann also entdeckten die Römer den Breisacher Berg für sich? Funde aus dem späten 3. Jh. n. Chr. lassen vermuten, dass der Berg nach 300 Jahren, in denen keine fortlaufende Besiedlung nachgewiesen werden kann, wieder bewohnt wurde. Der Oberrhein wurde durch die Krisen und Kriege des 3. Jhs. n. Chr. mit der Aufgabe des obergermanischen Limes und der Einrichtung der Provinz Sequania unter Kaiser Diokletian (um 236–um 312) zu einem Randbereich des Römischen Reichs und so zum Grenzgebiet, das es zu befestigen galt. Damit empfahl sich der Breisacher Berg von neuem als idealer Militärstützpunkt: Die Grenze der Provinz Sequania verlief ungefähr 12 km nördlich von Breisach bei Sasbach über den Rhein, und der Breisacher Berg lag an einem römischen Verkehrsknotenpunkt, an dem sich gleich mehrere Fernstraßen kreuzten. In unmittelbarer Nähe gab es weitere römische Stützpunkte, mit denen Breisach im Austausch stand: Kembs und Oedenburg-Biesheim im Elsass.

Dank mehrerer Ausgrabungen auf dem Berg im späten 20. Jh. kann man den römischen Siedlungsbeginn aufgrund von Münzfunden in das letzte Viertel des 3. Jhs. datieren. Bei einer Baumaßnahme im Jahr 1969/1970 wurde auf dem Münsterplatz ein großer Mauerkomplex gefunden, der teilweise unter dem heutigen Münster liegt. Das war das Prätorium, das Hauptverwaltungsgebäude des Lagers, in dem es auch Unterkünfte für höher gestellte Persönlichkeiten und Gäste gab.

Trotzdem ist es nicht ganz einfach, das Aussehen der römischen Festung nachzuvollziehen, da spätere Siedlungen sowie die großen Zerstörungen im Laufe der Geschichte kaum etwas vom römischen Breisach bewahrt haben. Mittelalterliche Terrassierungen, Befestigungsanlagen, Zerstörungen und Wiederaufbauten haben das Terrain stark verändert und die Spuren der Vergangenheit beseitigt. Gesichert ist heute, dass sich das Kastell vom Münsterplatz bis kurz vor den Radbrunnenturm erstreckte. Mit einer Fläche von über 3 Hektar zählte es zu den größten spätrömischen Kastellanlagen am südlichen Oberrhein.

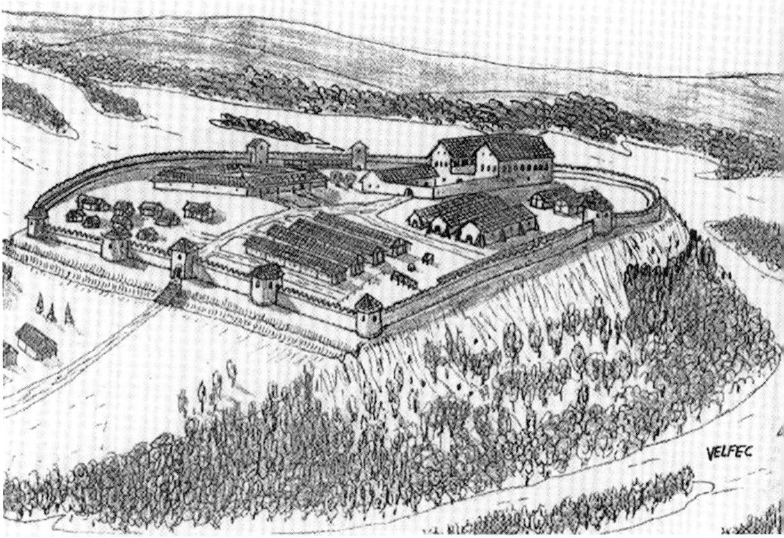

Rekonstruktionsskizze des Römerlagers Mons Brisiacus. Das große Gebäude am Südende ist das Prätorium, dessen Fundamente unter dem heutigen Münsterplatz gefunden wurden.

Auch wenn Schildbuckel, Reitersporne und Helme zeigen, dass die Siedlung überwiegend militärisch geprägt war, öffnen die archäologischen Funde ein Fenster in den Alltag auf dem Mons Brisiacus: Verschiedene Typen von Amphoren zeigen, dass in Breisach Olivenöl aus Spanien verwendet wurde; gute Weine kamen aus Süditalien und Gallien und sogar aus Nordafrika. Auch die bei den Römern so beliebte Fischsauce, Liquamen genannt, wurde aus Südspanien nach Breisach geliefert. Der Mons Brisiacus war gut an das Wege- und Handelsnetz angeschlossen und man war in der Lage, einen Kaiser angemessen unterzubringen und zu versorgen. Kaiser Valentinian I. kümmerte sich maßgeblich um eine Verstärkung der Grenzen durch den Ausbau von Militäranlagen. Das war auch der Hintergrund seiner Reise an den Oberrhein, bei der er 369 n. Chr. sowohl Basilia (Basel) und Augusta Raurica (Kaiseraugst) sowie den Mons Brisiacus besuchte. Dank des Besuchs des Kaisers findet sich Breisach im Codex Theodosianus, einer

HINTERGRUND

EIN LANG VERSCHOLLENER GRABSTEIN

2013 bemerkte Pfarrer Werner Bauer, dass eine Stufe der Außentreppe in den Keller seines Pfarrhauses mit seltsamen Zeichen versehen war. Er zeigte seine Entdeckung dem Stadtarchivar Uwe Fahrer, der den Stein dank seiner großen Bibliothek zuordnen konnte: Der Stein wurde um 1843 bei der Freilegung eines Fundaments gefunden, fotografiert und in den Pfarrhof gebracht, da sich der damalige Pfarrer für historische Artefakte interessierte. Dort lag er im Garten und galt seit Mitte des 19. Jhs als verschollen. Es handelt sich um das Fragment eines römischen Grabsteins. Saturninus Boudillius war ein Bewohner des Münsterbergs, der im Alter von 30 Jahren hier starb. Nach 1859 wurde die Außentreppe zum Pfarrhauskeller erneuert. Der Steinmetz hatte sich verrechnet, und am Ende fehlte die letzte Stufe. Statt nun eine neue Sandsteinstufe zu besorgen, nahm er – ohne Wissen des Pfarrers – den im Pfarrgarten liegenden »Römerstein«, teilte ihn in der Mitte und benutzte ihn als oberste Stufe für die Treppe. Dort blieb seine wahre Bedeutung über ein Jahrhundert lang unbemerkt ... bis zu seiner Wiederentdeckung! Heute steht der Grabstein im Museum für Stadtgeschichte, an der Mauer des Pfarrhauses befindet sich eine originalgetreue Kopie.

spätrömischen Gesetzessammlung, in der auch Datum und Ort des Erlasses genannt wurden. Valentinian I. unterzeichnete hier am 30. August 369 n. Chr. einen Erlass über die Urlaubszeiten der Beamten und anderer kaiserlicher Angestellter. So kann Breisach übrigens auch als einzige Stadt in Baden-Württemberg sicher von sich sagen, dass sie von einem römischen Kaiser besucht wurde. Dieser Erlass war die eingangs angesprochene erste schriftliche Erwähnung Breisachs.

Im ersten Drittel des 5. Jhs. wurde das Kastell Mons Brisiacus aufgegeben. Nur ein paar Jahre später fielen Germanenstämme in den Westen des römischen Reichs ein. Die Rheingrenze brach zusammen. Die Zerstörung großer Teile der römischen Militär- und Verwaltungsstrukturen führte dazu, dass viele Befestigungsanlagen aufgegeben wurden. Dazu gehörte auch das Kastell in Breisach.

Im frühen Mittelalter

Nach dem Abzug der Römer setzt eine Zeit von ungefähr 500 Jahren ein, in der schriftliche Quellen über Breisach bislang vollkommen fehlen. Daher gingen die meisten Historiker lange Zeit davon aus, dass der Breisacher Berg in der letzten Phase der Spätantike und im Frühmittelalter nicht besiedelt war.

Im späten 20. und frühen 21. Jh. wurden auf dem Münsterberg mehrfach an verschiedenen Stellen archäologische Ausgrabungen durchgeführt. Dabei fanden Archäologen Keramikscherben, welche sie zweifelsfrei in die zweite Hälfte des 5. Jhs. datieren konnten, also in die Zeit, in der das Römerkastell Mons Brisiacus bereits aufgegeben worden war. Es lässt sich somit mit Sicherheit sagen, dass nach Abzug der Römer auf dem Berg sowohl innerhalb als auch außerhalb des ehemaligen Kastells Menschen siedelten, vermutlich Angehörige von mit den Römern verbündeten Germanenstämmen wie den Alamannen.

Die römischen Mauern des Kastells standen nachweisbar noch bis ins 12. Jh. hinein und boten den frühen Bewohnern Breisachs Schutz. Inwieweit römische Gebäude innerhalb der Mauern noch genutzt wurden, ist nicht zu belegen. Den neueren Ausgrabungen verdanken wir nun auch die Sicherheit, dass der Berg während der »quellenarmen« Zeit durchgehend besiedelt war, denn mittlerweile wurden auch Funde in die Zeit nach dem 5. Jh. n. Chr. datiert. Reste von frühmittelalterlichen Grubenhäusern deuten auf eine größere frühmittelalterliche Siedlung hin, während andere Funde, wie importierte Keramik und das Bodenfragment eines Glasbechers, sogar zeigen, dass die Bewohner einen recht gehobenen Lebensstandard genossen. Weitere Funde erbrachten den Beweis für die Existenz verschiedener Werkstätten – von Knochenschnitzerei bis hin zur Herstellung von Textilien, Lederwaren und Gegenständen aus Buntmetall. Auch Glas wurde auf dem Münsterberg hergestellt. Waffenfunde wie Pfeilspitzen, Schildbuckel und eine Lanzenspitze weisen darauf hin, dass das frühmittelalterliche Breisach durchaus wehrhaft war. Diese Beweise für die Besiedlung des Berges setzen sich bis ins 11. Jh. fort. Aus den Funden lässt sich weiterhin eine recht rege Handelstätigkeit ableiten, mit Handelsbeziehungen, die weit den Rhein entlang reichten. Die Qualität der Funde legt eine wohlhabende Gesellschaft, vielleicht sogar einen Herrschaftssitz nahe.

DIE ERSTE BELAGERUNG DER GESCHICHTE

Der Chronist Liutprand (920–um 972) beschreibt im Jahre 938 Breisach als eine befestigte Siedlung, die vom Rhein umflossen wurde und über schroff aufragende Felswände verfügte. Diese günstigen Voraussetzungen sollten sich ein Jahr später bezahlt machen, als Breisach sich plötzlich im Mittelpunkt einer kriegerischen Auseinandersetzung wiederfand. Im Jahr 939 musste sich König Otto I. (912–973), ab 962 als »Otto der Große« römisch-deutscher Kaiser, mit einer Rebellion gegen seine Herrschaft auseinandersetzen: Sein jüngerer Bruder Heinrich (um 919–955), sein Schwager Herzog Giselbert von Lothringen (890–939) und Herzog Eberhard von Franken (885–939) lehnten sich gemeinsam gegen ihn auf. Ein großer Teil der Truppen des Frankenherzogs hatte sich auf dem Berg in Breisach verschanzt. Ob die Breisacher Bevölkerung das unterstützte oder ob sie besetzt worden war, ist leider nicht feststellbar. Im Spätsommer 939 belagerte Otto Breisach, konnte es aber nicht einnehmen. Einmal mehr erwies sich der Breisacher Berg als von strategisch und militärisch herausragender Bedeutung. Letztendlich blieb er aber ein Nebenschauplatz dieses Aufstands. Während Otto erfolglos Breisach belagerte, entschied sich der Konflikt ohne Ottos direkte Einflussnahme weiter nördlich: In der Schlacht von Andernach im Oktober 939 überraschte Herzog Hermann von Schwaben, ein Gefolgsmann Ottos, mit seinen Truppen die Aufständischen beim Überqueren des Rheins. Dabei kamen die beiden aufständischen Herzöge ums Leben: Eberhard wurde erschlagen, Giselbert ertrank im Rhein.

Für Breisach hatte die Schlacht von Andernach direkte Konsequenzen. Der Krieg war vorbei, und die Truppen des toten Frankenherzogs Eberhard, die immer noch auf dem Breisacher Berg ausharrten, unterstellten sich König Otto I., der Breisach nun offiziell in Besitz nahm und seinem treuen Kriegsgefährten Herzog Herrmann von Schwaben zu Lehen gab.

Häufige Herrschaftswechsel: das unruhige Mittelalter

Während des 10. Jhs. blieb Breisach Teil des Herzogtums Schwaben. Die kleine Siedlung auf dem Berg war im Begriff, eine erfolgreiche Stadt zu werden. Die Quellenlage für diese Zeit ist zwar weiterhin relativ dürftig, aber es kann davon ausgegangen werden, dass die Stadt sich langsam, aber stetig weiterentwickelte, Handelsbeziehungen entlang des Rheins intensivierte und einen gewissen Wohlstand hervorbrachte. Das Mittelalter in Breisach war vor allem durch häufige Herrschaftswechsel geprägt. Der strategische Wert des Breisacher Bergs direkt an einer der damals schon wichtigsten Wasserstraßen Europas machte die Stadt nämlich zu einem begehrten Besitztum.

Vom Herzogtum Schwaben zum Bistum von Basel

Wann genau die Herrschaft des schwäbischen Herzogs über Breisach endete, und die Stadt unter die Herrschaft des Basler Bischofs geriet, kann nicht mit Sicherheit datiert werden. Aus dem Jahr 1146 hat sich immerhin eine päpstliche Urkunde erhalten, der zu entnehmen ist, dass Breisach irgendwann zwischen den Jahren 1000 und 1140 an das Bistum Basel überging.

Eine der kuriosesten Nachrichten der Stadtgeschichte stammt aus dem Jahr 1143: Der Chronist des Klosters St. Blasien schreibt in den Annalen des Klosters, dass wohl ein Meteorit auf den Breisacher Münsterberg stürzte! Er berichtet, dass ein »feuriger Stein, gleichsam eine Masse glühenden Eisens vom Himmel vor die Türflügel der Kirche heruntergefallen« sei. Abgesehen davon, dass ein Meteoritenfall an sich schon erwähnenswert ist, haben wir hier auch den allerersten schriftlichen Verweis auf eine Kirche auf dem Münsterberg. Das heutige Münster wurde erst nach 1185 errichtet. Es muss sich also

DIE BREISACHER STADTPATRONE

Ein herausragendes Ereignis für Breisach war die Ankunft der Reliquien der beiden Stadtheiligen Gervasius und Protasius, die sich der Legende nach so zugetragen haben soll: Nach der Eroberung Mailands 1162 durch Kaiser Friedrich Barbarossa (um 1122–1190) übergab der Kaiser dem späteren Kölner Erzbischof Rainald von Dassel (um 1120–1167) eine große Anzahl von Reliquien, die er in Mailand erbeutet hatte. Das waren vor allem die sterblichen Überreste der Hl. Drei Könige, die heute im Kölner Dom aufbewahrt werden. Aber auch für die Mailänder noch heute sehr bedeutende Heilige wie die beiden frühchristlichen Märtyrer Gervasius und Protasius (gest. um 300) befanden sich darunter. Auf seiner Reise von Mailand nach Köln machte Rainald von Dassel in Breisach Rast, bevor er mit dem Schiff rheinabwärts weiterfuhr. Um sich für die große Gastfreundschaft der Breisacher zu bedanken, schenkte Rainald der Stadt die Gebeine des Protasius. Sein Bruder Gervasius war damit aber offensichtlich nicht einverstanden: Als Rainald am nächsten Tag ablegen wollte, war das Schiff nicht von der Stelle zu bewegen. Gervasius und Protasius waren im Leben Zwillingsbrüder gewesen, und Gervasius hatte anscheinend nicht vor, sich im Tode von Protasius zu trennen. Rainald blieb letztendlich nichts anderes übrig, als den Breisachern auch die Reliquien des Gervasius zu überlassen. Als sich schließlich die Gebeine beider Brüder sicher an Land und in den Händen der Breisacher befanden, löste sich der Bann und Rainalds Schiff konnte davonsegeln.

Viele Details rund um die Geschichte der Breisacher Stadtpatrone bleiben im Dunkeln. Über ihr Leben ist nichts durch verlässliche Dokumente belegt, sodass wir uns auf Legenden stützen müssen. Nach ihrem Märtyrertod gerieten sie in Vergessenheit, bis der Hl. Bischof Ambrosius von Mailand (339–397) im Traum erfuhr, wo sie begraben waren. Er ließ die Gebeine heben und in seine neu gebaute Kirche bringen, die später nach ihm in Sant'Ambrogio umbenannt wurde. Bis heute werden in der Basilika ebenfalls Reliquien der beiden Märtyrer ausgestellt. Das ist aber kein Widerspruch zu den Breisacher Reliquien: Die Körper von Heiligen wurden häufig geteilt und an verschiedene Kirchen gegeben. Es ist somit möglich, dass

sowohl in Breisach als auch in Mailand authentische Knochen der Brüder verwahrt werden.
Auch wenn die Verehrung der Stadtheiligen in Breisach über Jahrhunderte durchaus Schwankungen unterlag, sind sie aus dem geistlichen und kulturellen Leben der Stadt nicht wegzudenken: Jedes Jahr am Sonntag nach dem 19. Juni, dem Gedenktag der Heiligen, feiern die Breisacher seit Jahrhunderten das Stadtpatrozinium, bei dem der silberne Reliquienschrein in einer feierlichen Prozession durch die geschmückte Stadt getragen wird.

um einen Vorgängerbau gehandelt haben, von dem wir aber leider keine weitere Beschreibung haben und auch nicht wissen, wie alt diese Kirche im Jahr 1143 bereits war. Was aus dem Meteoriten geworden ist, ist ebenfalls nicht bekannt: Der »feurige Stein« ist bis heute verschollen.

Der Vertrag von 1185

Das Jahr 1185 markiert eine große politische Veränderung in Breisach. Bischof Heinrich I. von Basel (gest. um 1191) und der römische König und spätere Kaiser Heinrich VI. (1165–1197) schlossen einen Vertrag, in dem die gemeinsame Herrschaft über Breisach und dessen weiterer Ausbau vereinbart wurde. Der Bischof von Basel trat die Hälfte des Hofguts und des Breisacher Berges sowie die Hälfte des Eckartsbergs an Heinrich VI. ab. Die Konsequenz dieses Vertrages war, dass der Bischof und der König Breisach nun gemeinsam besaßen und verwalteten.

Der Vertrag regelte detailliert die Besitzverhältnisse sowie die Nutzung und die Teilung aller Einkünfte und Erträge. Er erlegte dem Bischof und dem König aber auch Pflichten auf: So einigten sie sich darauf, Breisach gemeinsam zu befestigen. Die Mauern des römischen Kastells haben zu diesem Zeitpunkt vermutlich zumindest zum Teil noch gestanden. Die Siedlung war mittlerweile aber über diese Begrenzungen hinausgewachsen. Eine neue Befestigung des Berges war somit sicherlich längst notwendig.

Der Vertrag von 1185 wirft allerdings eine Frage auf: Warum hielt der Bischof von Basel es für nötig, sich mit dem König einen Mitbesitzer ins Boot zu holen? Es ist wahrscheinlich, dass beide Parteien mit dem militärischen Ausbau von Breisach ein Zeichen gegenüber einer anderen Adelsfamilie der Region setzen wollte: den Zähringern. Dieses ursprünglich schwäbische Adelsgeschlecht war seit dem 11. Jh. durch seine Stadtgründungen und Aktivitäten im Südschwarzwald wie Rodungen und Bergbau zu einer der mächtigsten Adelsfamilien des Südwestens aufgestiegen. Die Zähringer hatten durch den Bau und Erwerb von etlichen Burgen im Laufe des 12. Jhs. mehr und mehr Kontrolle über das Wegenetz und die Hauptverkehrsadern im Breisgau erreicht. Was sich aber vollkommen ihrem Einfluss entzog, war die Schifffahrt auf dem Rhein, bis sie um 1170 die Stadt Neuenburg am Rhein gründeten. Damit erwuchs dem Bischof von Basel, der mit Basel und Breisach zwei wichtige Handelsplätze am Rhein besaß, nun auch in diesem Bereich erhebliche Konkurrenz. Der Wunsch nach einer stärkeren Befestigung Breisachs könnte sowohl beim Bischof als auch beim König auch deshalb in den Vordergrund gerückt sein, weil die Zähringer im Jahr 1120 Freiburg gegründet hatten, das sich im Laufe des 12. Jhs. rasch von einer kleinen Marktsiedlung zu einer erfolgreichen, aufstrebenden Stadt entwickelte. Eine starke Machtbasis der Zähringer so nahe an Breisach musste beim Bischof Unruhe auslösen. Das Motiv des Königs dürfte weitergehender gewesen sein: Mit ihrem stetigen Machtausbau kamen die Zähringer den Machtansprüchen der Staufer im Südwesten ins Gehege – der Familie Heinrichs VI.

Der Bischof achtete jedoch im Vertrag von 1185 darauf, dass ihm der Schutz der Staufer auch erhalten blieb. Der König durfte seine Rechte nicht veräußern und dem Bischof so irgendeinen anderen Mitbesitzer vor die Nase setzen. Auch die Erbregelung ist interessant: Der Mitbesitz an Breisach sollte an einen Sohn Heinrichs fallen, der seinem Vater nicht als König nachfolgte. Damit ging der Mitbesitz in den Familienbesitz der Staufer über und war nicht an die Reichskrone geknüpft.

Zwölf Jahre lang verhalf der Vertrag von 1185 Breisach zu stabilen Verhältnissen. Es ist zwar nicht feststellbar, wie viel ge-

Das Breisacher Münster, begonnen nach 1185.

nau von dem ambitionierten Befestigungsprogramm in die Tat umgesetzt wurde, aber das Vorhaben wurde auf jeden Fall in Angriff genommen. Ein Bauvorhaben aus dieser Zeit, das zwar nicht von militärischer Bedeutung war, aber bis heute für Breisach von unschätzbarem Wert ist, war der Bau des Münsters.

Das Breisacher Münster

Wie so vieles im mittelalterlichen Breisach sind auch die Anfänge des Münsterbaus nur schwer zu fassen. Die archäologischen Befunde zeigen, dass das Münster über den Resten der Fundamente des römischen Prätoriums errichtet wurde. Wann in oder auf diesen Ruinen die erste Kirche in Breisach errichtet wurde, ist nicht bekannt. Wir wissen dank des Meteoriteneinschlags von 1143 zwar, dass es vor dem Bau des Münsters dort eine Kirche gab, aber nicht, wie groß sie war und wie sie ausgesehen hat. Bei Ausgrabungen auf dem Münsterplatz fanden sich keine Hinweise auf diese Kirche. Daher ist anzunehmen, dass ihre Fundamente vollkommen unter dem heutigen Münster verborgen liegen.

Blick ins Langhaus.

Der heutige Bau wurde nach 1185 begonnen, also unter der gemeinsamen Herrschaft des Basler Bischofs und König Heinrichs VI. Leider ist nicht festzustellen, wer der erste Baumeister des Breisacher Münsters war. Noch heute lässt sich die Abfolge der Baumaßnahmen außen an der Kirche leicht erkennen: Das Langhaus sowie das Querhaus mit ihren Rundbogenfenstern und massiven Mauern weisen in die Spätromanik. Dieser erste Bauabschnitt war aller Wahrscheinlichkeit nach bereits in den ersten Jahrzehnten des 13. Jhs. fertiggestellt. Im Osten schloss sich ein romanischer Chor an das Langhaus an, der aber bereits im späten 13. Jh. durch den heutigen gotischen Chor ersetzt wurde. Mit dem romanischen Chor wurden auch die Unterbauten der Türme errichtet, und der Nordturm wurde in dieser Phase fertiggestellt. Die oberen Geschosse des Südturms entstanden während des gotischen Chorneubaus. Da man zuvor keine Person, die am mittelalterlichen Münsterbau in Breisach beteiligt war, benennen konnte, war das Auffinden eines Pergaments, das sich im Germanischen Nationalmuseum in Nürnberg befindet, eine echte Sensation. Es zeigt verschiedene Grundriss- oder Aufrisszeichnungen der Münster in Straßburg, Freiburg und Breisach aus dem späten 13. Jh. Nach deren Auswertung kann man mit Sicherheit sagen, dass der gotische Chor von Erwin von Steinbach gebaut wurde. Steinbach ragte unter den Kirchenbaumeistern des Hochmittelalters am Oberrhein heraus, er baute an der Straßburger Westfassade sowie am Freiburger Münsterturm. Um 1300 war der gotische Chor fertiggestellt.

Vermutlich noch während des Chorneubaus begann man auch eine Erweiterung des Langhauses nach Westen. Davon stammen die Mauern des Westwerks einschließlich des Westportals. Doch wurden die Arbeiten im frühen 14. Jh. vermutlich aus Geldmangel eingestellt und zur Bauruine. Die Öffnung zum Langhaus wurde mit einer Holzwand verschlossen, sodass die Kirche benutzbar war. Erst im späten 15. Jh. baute man den Westteil der Kirche fertig. Aber auch jetzt gab man anscheinend die genannten ehrgeizigeren Pläne zugunsten einer einfacheren Lösung auf: Über dem Westteil der Kirche erhebt sich heute nur ein kleines Pyramidendach. Die Unterbauten mit ihren starken Pfeilern im Inneren des Münsters deuten aber darauf hin, dass hier ein mächtiger Westturm geplant war. Warum dieser nicht ausgeführt wurde, ist unbekannt.

So erhielt das Münster zwischen dem 12. und dem 15. Jh. Stück für Stück seine unverwechselbare Silhouette. In den folgenden Jahrhunderten wurde der Bau im Wesentlichen nicht mehr verändert. An Kriegsschäden und Zerstörungen musste

Westportal des Stephansmünsters. Im Tympanon ist auf zwei Ebenen das Martyrium des Heiligen Stephanus sowie seine Grablege dargestellt. Ein Engel trägt die Seele des Heiligen, dargestellt als kleines Kind, in den Himmel.

das Münster einiges erleiden: Der Dreißigjährige Krieg, die große Zerstörung der Stadt in den französischen Revolutionskriegen 1793 und nicht zuletzt der Zweite Weltkrieg machten Renovierungsarbeiten und Wiederaufbauten nötig. Nicht nur einmal hätten die Breisacher ihr Münster fast verloren.

Von 1990 bis 2010 wurde das Münster innen wie außen umfassend saniert und renoviert. Eine weitere große Maßnahme zur Erhaltung war die anschließende Renovierung der Glockenstühle und die Anschaffung fünf neuer Glocken, was 2021 abgeschlossen wurde.

Berthold V. von Zähringen und Breisach

Im Jahr 1197 starb Heinrich VI. Er hinterließ einen dreijährigen Sohn, den späteren Kaiser Friedrich II (1194–1250). Dieser trat aber erst über zehn Jahre später in der Politik des Reichs in Erscheinung. Für die anstehende Königswahl kamen einige hochrangige Adelige als Kandidaten in Betracht: Philipp von Schwaben (1177–1208), der jüngste Bruder des verstorbenen Stauferkönigs, der Welfe Otto IV. von Braunschweig (1175–1218), und – wenn auch in einer gewissen Außenseiterposition – Berthold V. von Zähringen (um 1160–1218).

Über das Leben Bertholds V. sind nicht viele gesicherte Daten überliefert. Geboren um 1160, folgte er seinem Vater Berthold IV. (um 1125–1186) nach dessen Tod im Jahre 1186 als Herzog nach. Er heiratete Clementia von Auxonne (um 1190–nach 1235), die Ehe blieb kinderlos. Er war ein kühler Taktierer, der die Beziehungen zu den Mächtigen seiner Zeit in dem Maße pflegte, wie es seinen eigenen Zielen diente.

Für kurze Zeit stand Berthold V. bei der Königswahl im Rampenlicht, als er auf Vorschlag des Kölner Erzbischofs als Kandidat ins Spiel gebracht wurde. Berthold als Anhänger der antistaufischen Partei im Reich war zunächst auch bereit, diese Kandidatur gegen Philipp von Schwaben anzunehmen. Doch nach reiflicher Überlegung zog er im Frühjahr 1198 seine Kandidatur wieder zurück. Er war jedoch nicht bereit, sich ganz ohne Gegenleistung aus der Königswahl zu verabschieden und die Kandidatur Philipps von Schwaben zu unterstützen. Er forderte von Philipp, dass er ihm die Vogtei Schaffhausen zu Lehen gab und dass man Breisach entweder zerstören oder ihm verpfänden sollte. Philipp gab den Forderungen nach – im Laufe des Jahres 1198 ging Breisach im Wege der Pfandschaft in

KUNSTKREIS

den Besitz Bertholds V. von Zähringen über. Bei der Verpfändung setzten sich die Staufer ungeniert über die Bestimmungen des Vertrages von 1185 mit dem Bischof von Basel hinweg – der Vertrag hatte ganz klar geregelt, dass der König seine Rechte an Breisach nicht einfach veräußern durfte. Der Bischof von Basel scheint das allerdings hingenommen zu haben; zumindest ist uns keine Protestreaktion überliefert. Danach zog sich Berthold V. wieder völlig aus der großen Reichspolitik zurück.

Für Breisach erwies sich der neue Stadtherr als Glücksfall: Berthold V. investierte viel Zeit und Geld in den Ausbau seiner Besitzungen. Auch Breisach kam nun in den Genuss dieses Unternehmergeists. Zum ersten Mal wurden in Breisach städtische Infrastruktur angelegt und Gebäude errichtet, die zum Teil heute noch stehen oder zumindest belegbar sind.

Am Südende des Münsterbergs wurde an der neuen Kirche gebaut. Gegenüber, am Nordende des Berges, wurde unter Berthold V. nun eine weitere Großbaustelle mit der Errichtung einer Burg, später Schloss genannt, eröffnet. Burgen zu bauen oder vorhandene Burgen zu übernehmen und auszubauen war ein probates Mittel, neue Besitzungen oder Stadtgründungen von Anfang an als Machtbasis zu etablieren und auch um die Wehrhaftigkeit der Siedlung nach außen zu demonstrieren. Die Zähringer waren in dieser Hinsicht ein sehr erfolgreiches Geschlecht. Von Bern bis in die Ortenau sicherten Burgen ihren Einfluss in der Region. Der Ort für die Breisacher Burg war hervorragend gewählt: Das Gelände der Burg liegt auf demselben Niveau wie die Oberstadt, war aber sowohl an der West- als auch an der Südseite durch einen künstlich angelegten Burggraben von ihr getrennt, der ungefähr 20 m breit ist. Durch hohe Mauern eingefasst, hat der Graben heute noch eine Tiefe von knapp 12 m und ist eine der wenigen Erinnerungen daran, dass hier einst eine mächtige Burg stand. Auf der Nord- und Ostseite sorgte der fast senkrecht abfallende Fels selbst dafür, dass die Burg von dieser Seite nahezu uneinnehmbar war. Es gab nur einen, dazu noch leicht zu verteidigenden

◀ **Der Radbrunnenturm.**

DER RADBRUNNEN

Mit einer wachsenden Stadtbevölkerung konfrontiert, nahm Berthold ein enormes Problem in Angriff: die Wasserversorgung. Da es auf dem Berg keine natürlichen Quellen gibt, war die Bevölkerung seit Siedlungsbeginn darauf angewiesen gewesen, in Zisternen Regenwasser zu sammeln oder mit Saumtieren Wasser vom Rhein auf den Berg zu transportieren. Sollte aus Breisach eine ähnlich florierende Siedlung wie Freiburg oder Bern werden, musste die Wasserversorgung anders geregelt werden. So wurde um 1200 mit dem Bau des Radbrunnens begonnen.

Von der Oberfläche wurde ein Schacht bis zum Felsgestein gegraben und durch Trockenmauerwerk gesichert. Durch Steinmetzzeichen an den Steinen der Brunneneinfassung, die sich auch am Münster finden, war es möglich, den Brunnenbau gesichert in die Zeit der Zähringerherrschaft über Breisach zu datieren. Erst dann begann die mühselige Arbeit, den Schacht durch den Felsen zu treiben. Man nimmt an, dass die Arbeiter aus den zähringischen Silbererzgruben im Schwarzwald kamen, da diese über das technische Wissen für solche Arbeiten verfügten. Die Tiefe des Brunnenschachts von insgesamt 41 m ist an sich nichts Besonderes in dieser Zeit. Viele Höhenburgen verfügten über Grundwasserbrunnen von ähnlicher Tiefe, denn eine gesicherte Wasserversorgung war im Falle einer Belagerung überlebensnotwendig. Auch für Breisach bedeutete die Verfügbarkeit von Trinkwasser auf dem Münsterberg eine deutlich verbesserte Verteidigungsfähigkeit. Vermutet wird auch, dass Berthold V. als neuer Stadtherr, der die Stadt, wie geschildert, seinen Vorgängern in leicht erpresserischer Weise »abgeluchst« hatte, sich mit solchen Baumaßnahmen, die den Einwohnern zugutekamen, deren Loyalität erkaufen wollte.

Als Bauzeit für den Radbrunnen werden fünf bis zehn Jahre angenommen. Sein Name leitet sich ab von dem großen, hölzernen Tretrad, mit dessen Hilfe das Wasser den Brunnenschacht hinaufbefördert wurde. Der darüber erbaute Radbrunnenturm wurde als erstes Rathaus der Stadt sowie als Gerichtsort genutzt.

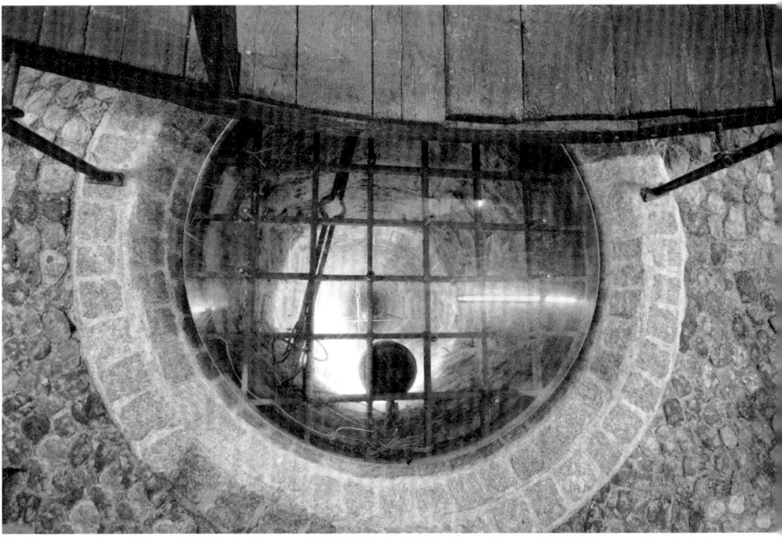

Blick in den Radbrunnen; der Brunnenschacht reicht ungefähr 41 m in die Tiefe.

Zugang zur Burg. Dieser führte von der Stadtseite durch ein Vorwerk und eine hölzerne Brücke in die Burg hinein. Die Burg Bertholds V. bestand im Wesentlichen aus einem freistehenden Wohn- und Wehrturm, einem Donjon, mit einer Grundfläche von ungefähr 23 mal 17 Metern. Der Eingang lag in sicherer Höhe von ungefähr 12 m über dem Erdboden und war über eine hölzerne Außentreppe zu erreichen. Zwar sind keinerlei Darstellungen der Burg aus ihrer Frühzeit erhalten geblieben, aber aufgrund von Vergleichen mit anderen Donjons der Zeit kann man mit relativ großer Sicherheit davon ausgehen, dass der Wohnturm ungefähr 30 m hoch war, vier Stockwerke und einen Zinnenkranz hatte. Im Laufe der folgenden Jahrhunderte wurde die Burg immer wieder vergrößert, umgebaut und modernisiert. Aus den späteren Epochen, zum Beispiel dem 17. und 18. Jh., sind Abbildungen erhalten, die immer noch den Donjon Bertholds als Kern der Burg erkennen lassen. Im 18. Jh. wurde die Burg zerstört und ihre Reste schließlich abgetragen.

Während auf den beiden Großbaustellen am Süd- und Nordende der Stadt lebhaftes Treiben herrschte, ging Berthold V. daran, die Stadt zwischen dem Münster und der Burg zu formen. Er ließ von Süden nach Norden drei, später vier Straßen anlegen, die durch drei Querstraßen miteinander verbunden wurden. Dieses Straßennetz bestimmt bis heute die Breisacher Oberstadt. Bertholds rege Bautätigkeit wird auch mit der Annahme begründet, dass seine Herrschaft über Breisach viele Menschen aus anderen Gebieten der Zähringer veranlasste, nach Breisach zu ziehen. Man erhoffte sich vielleicht Chancen im Handelsgeschäft auf dem Rhein, und Breisach war die einzige Stadt direkt am Rhein zwischen Straßburg und Basel – abgesehen von Neuenburg am Rhein, das 1175 von Herzog Berthold IV. von Zähringen gegründet worden war.

Angesichts der wachsenden Siedlung stellte sich Berthold noch eine weitere Aufgabe: Die Stadt musste besser befestigt werden. Inwieweit Berthold hier auf bereits vorhandene Strukturen seiner Vorgänger zurückgreifen konnte, ist nicht mehr feststellbar. Aber da der Bischof von Basel und König Heinrich VI. sich die Befestigung des Berges explizit zur Aufgabe gemacht hatten, kann man davon ausgehen, dass Teile einer Befestigung bereits existierten. Berthold ließ eine Ringmauer um den oberen Rand des Münsterbergs ziehen, wobei es möglich ist, dass stellenweise nur ein Palisadenzaun und keine durchgehende steinerne Mauer gebaut wurde. Der einzig bekannte Zugang zur Stadt war das Kapftor, das wohl im späten 12. Jh., vielleicht sogar noch vor Bertholds Herrschaft gebaut wurde.

Berthold V. herrschte nur zwei Jahrzehnte über Breisach. Doch es gelang ihm, der Stadt seinen ganz eigenen Stempel aufzudrücken. Damals begann der Breisacher Berg die Gestalt anzunehmen, die uns auch im 21. Jh. noch vertraut ist.

Im Jahr 1218 starb Berthold V. Da er kinderlos war, gingen seine vielfältigen Besitzungen an verschiedene Erben, hauptsächlich an seine Schwestern – respektive deren männliche Verwandte. Die Zähringer Hauptlinie erlosch damit im Mannesstamm. Breisach gehörte allerdings nicht zur Erbmasse, denn es war ja an Berthold V. verpfändet worden. Nach seinem

Tod fiel der Besitz der Stadt daher zurück an den Pfandgeber – die Staufer und den Bischof von Basel. Der Vertrag von 1185 lebte damit nach seinem Sinn und Wortlaut eigentlich wieder auf, tatsächlich aber scheint der Bischof von seinem Mitspracherecht keinen Gebrauch gemacht zu haben. Die Staufer waren nun de facto die alleinigen Herren über Breisach.

Wieder unter den Staufern

Das Spätmittelalter sollte für Breisach eine unruhige Zeit werden – die Stadtherren wechselten häufig und in recht geringen Abständen. Trotz dieser vielen politischen Umwälzungen wuchs die Stadt stetig.

Aus der zweiten Herrschaft der Staufer hat sich die älteste bekannte Urkunde erhalten, die von der Stadt Breisach selbst ausgestellt wurde. Sie wird auf das Jahr 1227 datiert und gibt einen Einblick darin, wie die Stadtverwaltung organisiert war. Breisach wurde von einem Schultheißen und 24 Ratsherren regiert. Der Rat bestand je zur Hälfte aus Rittern und Kaufleuten; Handwerker sind zu diesem Zeitpunkt noch nicht dabei. In der Urkunde wird von Breisach nun auch als von einer »civitas«, also einer Stadt, gesprochen. Auch wird hier zum ersten Mal ein Stadtsiegel verwendet, das in der Folge bei allen Urkunden zum Einsatz kommt. Der höchste Beamte der Stadt war der Schultheiß. Seine Befugnisse gingen deutlich über die eines heutigen Bürgermeisters hinaus. Neben der Stadtverwaltung war er auch als Richter tätig und zudem noch militärischer Kommandant der Burg sowie der Stadt. Die starke Stellung des Schultheißen und die Größe des Rats lassen darauf schließen, dass Breisach sich überwiegend selbst verwaltete. Das legt nahe, dass die Staufer keine Zweifel an der Loyalität der Breisacher hegten und eine stärkere Kontrolle vor Ort nicht für nötig hielten.

Kurz bevor Konrad IV. sich nach Italien aufmachte, griff er noch einmal in das Schicksal der Stadt ein: Breisach wurde mal wieder verpfändet, diesmal an Graf Rudolf I. von Habsburg. Die Habsburger hatten seit dem 11. Jh. vom Aargau aus stetig ihren

Einflussbereich vergrößert, vor allem im Elsass. Außerdem stand Rudolf treu an der Seite der Staufer. Breisach passte gut in sein territoriales Konzept. Wie schon ein halbes Jahrhundert zuvor bei der Verpfändung an Berthold V. von Zähringen setzten sich die Staufer damit über die Bestimmungen des Vertrages von 1185 mit dem Bischof von Basel hinweg, obwohl dieser Vertrag nach wie vor Gültigkeit besaß. Der Bischof von Basel ließ dies anders als damals jetzt auch nicht einfach so geschehen. Die Urkunde über die Verpfändung ist leider nicht im Original erhalten. Es existieren nur unvollständige Auszüge, sodass man nicht feststellen kann, ob Rudolf die Pfandherrschaft über Breisach tatsächlich angetreten hat oder die Sache bis auf Weiteres auf sich beruhen ließ, um seine sowieso schon angespannte Beziehung zum Basler Bischof nicht weiter zu gefährden.

Der Niedergang der Staufer zeichnete sich Mitte des 13. Jhs. ab. Ihre Macht brach im Reich nach dem Tode Friedrichs II. im Jahre 1250 zusammen, auch in Italien konnten sie ihre Stellung nicht mehr aufrechterhalten. Friedrichs Sohn Konrad IV., der seinem Halbbruder Heinrich VII. als König gefolgt war, zeigte sich nicht als geschickter Stratege; sein politischer Einfluss wurde immer geringer. Er starb 1254. Sein Sohn und legitimer Nachfolger Konradin wurde 1268 nach seiner Niederlage gegen Karl von Anjou im Alter von nur 16 Jahren in Neapel enthauptet. Die Staufer starben damit aus.

Zurück zum Bistum Basel

Mit dem Aussterben der Staufer nach dem Tod Konrads IV. war die Frage nach der Herrschaft über Breisach, auch angesichts der unklaren Verhältnisse nach der geschilderten Verpfändung, zunächst wieder offen. Die Breisacher waren sich der prekären Situation durchaus bewusst, dass ihr Schicksal einmal mehr an die großen politischen Umwälzungen der Zeit geknüpft war. Ein Schreiben der Stadt Breisach an den Basler Bischof aus dem Herbst des Jahres 1250 zeigt, dass die Breisacher nicht mehr viel Vertrauen in die Staufer setzten. Man hatte beschlossen, die Dinge selbst in die Hand zu nehmen. In dem Schreiben erklärt die Stadt, dass sie den Bischof von Basel wieder als ihren Herrn anerkennen werde. Dieses Schreiben stützt auch die Vermutung, dass die Verpfändung der Stadt an Rudolf I. von Habsburg nie in Kraft getreten ist oder dieser vielleicht von der Vereinbarung zurücktrat. Es ist nämlich nicht anzunehmen, dass Breisach sich so direkt an den Bischof von Basel gewandt hätte, wenn Rudolf bereits seinen Herrschaftsanspruch aufgrund der Verpfändung geltend gemacht hätte.

Im Jahr 1257 entschied sich die Frage des neuen Stadtherren: Breisach erkannte den Bischof von Basel offiziell als solchen an. Der Bischof versprach im Gegenzug in einem »landesherrlichen Privileg«, die Rechte und Freiheiten der Breisacher Bürger inner- und außerhalb ihrer Stadt anzuerkennen und zu schützen. Vielleicht hatten die Breisacher aus den Herrschaftswechseln der letzten hundert Jahre gelernt, dass Stadtherren in rascher Folge kommen und gehen können. Um den Wohlstand und die Fortentwicklung der Stadt zu sichern, musste man sich weitgehende Selbstverwaltungsrechte erkämpfen. Die Urkunde über diese Vereinbarungen wurde in Breisach ausgestellt und der Stadt feierlich übergeben, in Anwesenheit vieler Adeliger, die als Zeugen dienten. So konnte der Bischof nicht im Nachhinein die gewährten Rechte still und heimlich zurücknehmen.

Zu dieser Zeit begann sich in Breisach auch ein Klosterleben zu entwickeln. Die Tatsache, dass sich nun Orden in der Stadt niederließen und Klöster gründeten, ist ein weiteres Zeichen dafür, dass Breisach sich zu einer Stadt von einiger Bedeutung entwickelt hatte. Die Anfänge dieser Klöster, des Zisterzienserinnenklosters Marienau und des Augustinerklosters, liegen im Dunkeln; ihre genauen Gründungsjahre sind unbekannt. Das Kloster Marienau lag direkt vor den Toren der Stadt; das Augustinerkloster am Nordende der Breisacher Bergs, auf einem Felssporn gegenüber der Burg, woran noch heute der Straßenname »Augustinerberg« erinnert. Beide Klöster wurden vom Basler Bischof offiziell anerkannt und bestätigt.

Breisach ging es unter der Herrschaft des Basler gut. Aber es sollte nicht lange dauern, bis die Stadt wieder zum Zankapfel zwischen den Mächtigen wurde, diesmal zwischen dem Bischof und dem Grafen Rudolf I. von Habsburg. Nach wie vor war der mittlerweile gut befestigte Breisacher Berg mit seiner Lage am Rhein und seiner Burg ein strategisch wertvoller Ort, von dem aus man den Breisgau, das Elsass und den Verkehr auf dem Rhein kontrollieren konnte. Kein Wunder, dass der Ort heiß umkämpft war. Im Jahr 1268 meldete Rudolf I. plötzlich Ansprüche auf Breisach an. Vielleicht stützte er diese auf die ominöse Verpfändung durch den letzten Staufer Mitte der 1250er Jahre. Der Basler Bischof war jedoch keinesfalls bereit, die wertvolle Stadt einfach so herzugeben. Die Situation eskalierte. Zwar gibt es keine Anhaltspunkte dafür, dass in Breisach selbst Kampfhandlungen stattgefunden haben – vielleicht erwies sich der Breisacher Berg ein weiteres Mal als uneinnehmbar. Das Umland allerdings wurde schwer getroffen. Die habsburgischen Truppen verwüsteten die Gegend um Neuenburg. Die Truppen des Basler Bischofs reagierten darauf mit der Zerstörung habsburgischer Dörfer im Elsass und scheuten auch nicht davor zurück, das Kloster Ottmarsheim anzuzünden – eine Klostergründung der Habsburger. Nachdem der Konflikt sich bereits fünf Jahre hingezogen hatte, beschloss Rudolf im Jahr 1273, die Stadt Basel selbst zu belagern. Dort in seinem Feldlager traf ihn am 20. September der Burggraf von Nürnberg an und überbrachte Rudolf die wichtigste Nachricht seines Lebens: Die Fürsten des Reichs hatten ihn zum König gewählt.

Da der Bischof von Basel nicht mit einem König verfeindet sein wollte, beendete er die Fehde auf der Stelle. König Rudolf I. nutzte seine neue Stellung jedoch als erstes dazu, dem Bischof die Rechte über Breisach, Neuenburg und Rheinfelden sowie die Vogtei über die Stadt Basel zu entziehen. Auf dem Weg zu seiner Krönung in Frankfurt ließ Rudolf sich an all diesen Orten als König huldigen: Nun waren diese Städte Besitzungen des Reichs und unterstanden somit direkt dem König.

Breisach als Reichsstadt

Wieder einmal hatte die Stadt einen neuen Herrn. Fast schon routiniert ließen sich die Breisacher die Rechte und Privilegien der Stadt in einer wahren Flut von Urkunden bestätigen und verwendeten ab sofort ein neues Stadtsiegel: Es zeigte nun einen nach links blickenden Reichsadler.

Aus der Reichsstadtzeit sind erfreulich viele Urkunden, Ratsbeschlüsse und andere Quellen erhalten, aus denen wir zum ersten Mal ein wenig mehr über das Leben in Breisach erfahren können. Für Handwerker wie Steinmetze, Zimmerleute und Schmiede gab es bei der Unterhaltung der Burg, der Münsterbaustelle und dem Bau einer Erweiterung der Stadtmauer viel zu tun. Diese Stadtmauer zog sich eng am Fuß des Breisacher Bergs entlang und schloss nun die im 13. Jh. entstandenen kleinen Siedlungen der Unterstadt mit ein. Diese Mauer ist heute nahezu vollkommen verschwunden. Das »Gutgesellentor«, welches 1319 zum ersten Mal erwähnt wurde und bis heute steht, gehört zu dieser Befestigung.

Eine wichtige neue Baumaßnahme des 13. Jhs. war die Errichtung der Rheinbrücke. Nachdem schon die Römer etliche Brücken am Hoch- und Oberrhein gebaut hatten, schlugen die Menschen im Mittelalter noch mehr Brücken über den Fluss. Breisach erhielt um 1283 die erste Brücke. Sie wurde aus Holz gebaut und befand sich auf Höhe des heutigen Rheintors, das einen mittelalterlichen Vorgänger hatte.

Für Händler, die mit vielen Waren unterwegs waren, war eine Brücke anders als Furten oder Fähren der sicherste Weg, den Rhein zu überqueren. Die Stadt Breisach erhob Zölle – und zwar nicht nur für Waren, die über die Brücke von einem Ufer zum anderen befördert, sondern auch für Waren, die per Schiff unter der Brücke hindurch transportiert wurden. Dank überlieferter Zolltarife haben wir eine recht genaue Vorstellung, was alles an Waren über die Brücke kam und damit auch in Breisach auf dem Markt gehandelt wurde. Die Palette reicht von Gewändern, Stoffen, Leder und Fellen über Lebensmittel und kostbare Gewürze wie Pfeffer und Safran bis hin zu Rohmaterialien wie Metallen und Holz. Man konnte sich im Breisach des 13. Jhs. durchaus mit Waren für einen gehobenen Lebensstil versorgen.

Um 1300 erfahren wir auch zum ersten Mal von der Existenz eines Breisacher Spitals. Es trug den Namen »Heiliggeistspital« und stand am Rheintor, wurde aber im späten 17. Jh. an

HINTERGRUND

DAS STADTRECHT VON 1275

König Rudolf I. schenkte Breisach ziemlich viel Aufmerksamkeit. Die Stadt mit ihrer wohl recht komfortablen Burg war sein bevorzugtes Quartier, wann immer er in der Region unterwegs war, so auch im Sommer 1275. Während dieses Aufenthalts verlieh Rudolf I. Breisach ein neues Stadtrecht mit 23 ausführlichen Artikeln, in denen sich zivil-, straf- und verwaltungsrechtliche Vorschriften finden.

Vor allem zwei Regelungen zeigen, dass der König die Stadt wirtschaftlich weiter entwickeln wollte. Zwischen Breisach und Straßburg sollte es keine weitere »Ladstatt«, auch »Stapelplatz« genannt, geben. So wurden Orte genannt, in denen Waren zwangsweise entladen und »gestapelt« werden mussten, um der örtlichen Bevölkerung eine bevorrechtigte Kaufmöglichkeit zu bieten. Das zwang die Kaufleute auf dem Rhein, in Breisach Halt zu machen, was die Stellung des Hafens von Breisach als Handelsknotenpunkt stärkte. Die andere Regelung ist das sog. »Rheinfallrecht«: Alles, was rheinaufwärts 2 Meilen und rheinabwärts 1 Meile »rhinfellic« wird, soll der Stadt gehören. Das betraf zum Beispiel havarierte Schiffe, aber auch verlorene Ladung von Handelsschiffen, die in diesem Bereich ans Ufer gespült wurde oder von den Breisachern aus dem Fluss geborgen werden konnte. Die Kaufleute werden also froh gewesen sein, wenn sie den Bereich des Breisacher Rheinfallrechts mit ihren Schiffen verlassen hatten.

einen neuen Standort unterhalb der Nordwestecke des Eckartsbergs am Rand des Marktplatzes verlegt. Die Spitalkirche, die heute als Veranstaltungsort genutzt wird, erinnert noch an diese Institution. Wie in vielen anderen Städten war das Spital in Breisach die zentrale Institution der städtischen Fürsorge: Hier wurden Arme und Kranke, aber auch Waisenkinder aufgenommen, versorgt und gepflegt. Für Menschen, die an der im Mittelalter gefürchteten Lepra erkrankten, unterhielt die Stadt ein eigenes Spital. Dieses sog. »Gutleuthaus« lag, in Anbetracht der Ansteckungsgefahr, außerhalb der Stadt bei Hochstetten. Finanziert wurden beide Einrichtungen über die Jahrhunderte durch Stiftungen und Abgaben der Bürger.

Die Klosterlandschaft erhielt ebenfalls Zuwachs: Im Jahr 1302 wurde das Franziskanerkloster gegründet. Schon vorher hatten auf dem späteren Klostergelände in unmittelbarer Nachbarschaft zum Münster Laienbrüder des Franziskanerordens, auch »mindere Brüder« genannt, gelebt. Der wohlhabende Breisacher Patrizier Eberhard von Veschelin kaufte das Areal zusammen mit seinen Töchtern Mechthild und Anna im Jahr 1302 und stiftete das Franziskanerkloster. Bis 1339 waren die Bauarbeiten an der Klosterkirche und den Klostergebäuden abgeschlossen. Auf alten Stadtansichten ist die Franziskanerkirche mit ihrem bettelordenstypischen Dachreiter ein wenig nördlich des Münsters gut zu erkennen. Es ist anzunehmen, dass die Franziskaner, die sich um die Seelsorge der Bevölkerung und besonders um die Armen und Kranken kümmerten, auch im neugegründeten Spital Aufgaben wahrnahmen.

Die Zeit als Reichsstadt war eine fruchtbare Zeit für Breisach. Doch schon bald geriet die Stadt wieder zwischen die Mahlsteine der Reichspolitik. Nach vielen Wirren und Auseinandersetzungen unter den Mächtigen des Reichs und auch mit dem Papst, wurde der Wittelsbacher Ludwig der Bayer (um 1282–1347) im Jahr 1328 Kaiser. Er verpfändete aus Geldnot heraus erneut die Stadt Breisach, wie auch Neuenburg, Schaffhausen und Rheinfelden, an die Herzöge Albrecht und Otto von Österreich.

Breisach als Teil Vorderösterreichs – der Weg zur Festung

Breisach wird habsburgisch

Seit der Herrschaft König Rudolfs I. hatten die Habsburger ihre Macht im Reich immer mehr ausgebaut. Nachdem Rudolf König Ottokar von Böhmen (um 1232–1278) im Jahr 1278 in der Schlacht auf dem Marchfeld östlich von Wien besiegt hatte, zog er die Reichslehen Österreich und Steiermark an sich und vergab diese Herzogtümer schließlich als Lehen an seine Söhne Albrecht I. (1255–1308) und Rudolf II. (um 1270–1290). Damit verlagerte sich der Machtmittelpunkt der Habsburger mehr und mehr nach Osten. Der alte habsburgische Landbesitz westlich von Tirol, in der Schweiz und auf beiden Seiten des Oberrheins wurde nun »österreichische Vorlande« oder »Vorderösterreich« genannt.

Im Jahr 1331 wurden sämtliche habsburgisch-österreichischen Besitzungen einschließlich der Vorlande von den beiden Herzögen Albrecht II. (1298–1358) und Otto IV. (1301–1339) beherrscht. Sie waren Brüder, jüngere Söhne von Albrecht I., der 1298 König wurde. Breisach, mit seiner einzigartigen Lage am Rhein, war für die Habsburger eine mehr als willkommene Ergänzung ihrer Ländereien am Oberrhein. Wie schon bei den Herrscherwechseln der Vergangenheit, wurden der Stadt auch jetzt wieder alle bestehenden Rechte und Privilegien aus der Zeit als Reichsstadt zugesichert.

Die Gesellschaft in der Stadt begann sich zu verändern. Die Macht der Stadtadeligen, deren Reichtum häufig darauf beruhte, dass sie Ländereien außerhalb der Stadt besaßen, wurde mehr und mehr zurückgedrängt. Diese Entwicklung wurde auch von der Zusammensetzung des Breisacher Rats widergespiegelt. Aus dem Jahr 1331 hat sich ein Dokument erhalten, das von einer Auseinandersetzung in der Stadt berichtet, ohne dabei hinsichtlich des Streitanlasses und der beteiligten Personen ins Detail zu gehen. Als Konsequenz der Streitigkeiten legt das Dokument aber eine neue Ordnung fest: Ab jetzt soll nur noch ein Drittel der Ratsherren aus dem Stadtadel stammen, die restlichen Ratsmitglieder aus der übrigen Bürgerschaft. Einfache Bürger wurden somit ratsfähig.

Dieses Schriftstück ist auch deshalb so bedeutend, weil in ihm zum ersten Mal die Breisacher Zünfte erwähnt werden. Wie lange es in der Stadt vorher Zünfte gegeben hat, wissen wir nicht. In Freiburg waren die Zünfte seit 1293 offiziell anerkannt. Man kann davon ausgehen, dass Breisach ähnlich organisiert war. Im Laufe der Zeit wurden die Zünfte in der Stadt immer einflussreicher, viele von ihnen spielten im Gesellschaftsleben eine große Rolle.

Das Recht der Stadt, Bündnisse zu schließen, wurde von den neuen Stadtherren nicht beschnitten – allerdings dürften die Breisacher politisch klug genug gewesen sein, sich nicht einem Bündnis anzuschließen, das gegen die Interessen ihrer Herren handelte. So ging Breisach während des 14. Jhs. häufig verschiedene Bündnisse mit anderen Städten im Elsass und Breisgau ein, aber auch im Thurgau, Aargau und Sundgau, die

Das Gutgesellentor aus dem frühen 14. Jahrhundert, Teil der mittelalterlichen Stadtbefestigung.

DAS PESTPOGROM

Die Chronisten der Zeit, wie Fritsche Closener in Straßburg und Matthias von Neuenburg, beschreiben die sozialen Auswirkungen der Pest, vor allem aber die Pogrome der Städte am Oberrhein gegen ihre jüdischen Gemeinden. Man warf den Juden vor, durch Giftmischereien und Brunnenvergiftung die Pest auszulösen. Fritsche Closener, der Verfasser der »Strassburgischen Chronik« aus der Mitte des 14. Jh., beschreibt, dass alle Städte entlang des Oberrheins die Mitglieder ihrer Judengemeinde vertrieben oder auf grausame Weise töteten. In Breisach war man bis in die 1960er Jahre der Meinung, dass es vermutlich kein Pestpogrom gegeben habe, da man keine Quellen dazu kannte. Das ist heute widerlegt: Auch die erste Breisacher jüdische Gemeinde, die seit dem frühen 14. Jh. nachgewiesen werden kann, fiel den Verfolgungen, die während der Pestzeit ganz Europa erfassten, zum Opfer. Die Auslöschung der Breisacher Gemeinde, die es seit dem 13. Jh. nachweisbar gab, steht wohl im Zusammenhang mit einem Vorkommnis in der Freiburger Gemeinde. Dort gestand ein Jude namens Meiger Nase unter der Folter, dass er in Freiburg Brunnen vergiftet habe. Und er beschuldigte vier Breisacher Juden, dass sie die Vergiftung der Breisacher Brunnen geplant hätten, um den Breisacher Berg für sich zu haben. Diese Anschuldigung dürfte der Auslöser für Maßnahmen gegen die Juden in Breisach gewesen sein. Die Quelle, die das belegt, ist das »Deutzer Memorbuch«. Es gedenkt des Martyriums der Breisacher Juden im Februar 1349 mit den Worten »Jiskor Elohim – Gott möge gedenken der Ermordeten und Verbrannten der Gemeinden Basel, Ehnheim, Kaysersberg, Breisach, Sennheim, Rosheim mit den Seelen Abrahams, Isaaks und Jakobs, Saras, Rebekkas, Rahels und Leas und mit den anderen Gerechten, die im Garten Eden sind. Amen. Sela«.

Die Breisacher Juden wurden vermutlich ebenso wie ihre Glaubensgenossen in Freiburg und Basel lebendig verbrannt. Ob die gesamte Judengemeinde dabei umgekommen ist, wissen wir nicht. Ein jüdischer Einwohner Breisachs wird erst 1376 wieder erwähnt; eine offizielle jüdische Gemeinde sollte es in Breisach erst wieder im 17. Jh. geben. Was die Ausschreitungen gegen die jüdischen Gemeinden umso schrecklicher erscheinen lässt, ist die Tatsache, dass es Anfang des Jahres 1349, als die Pogrome stattfanden, noch keine Pestfälle am Oberrhein gegeben hatte. Erst im Frühsommer erreichte die Seuche die Region.

oft auch zeitlich begrenzt waren. Häufig waren diese Vereinbarungen nicht nur politischer, sondern auch handelsrechtlicher Art. Das zeigt deutlich, wie weit das Wirtschaftsgebiet reichte, in dem Breisach Handel trieb. Zwar war die Stadt eindeutig keine Fernhandelsmetropole wie Regensburg, Nürnberg oder Köln in dieser Zeit. Wir finden keine Breisacher Kaufleute im »Fondaco dei Tedeschi«, der deutschen Handelsniederlassung in Venedig, oder auf den großen Märkten in Flandern. Doch im regionalen Handel spielte die Stadt nicht zuletzt dank ihrer Rheinbrücke eine relativ große Rolle.

Die Ereignisse der späten 1340er Jahre sollten nicht nur Breisach, sondern ganz Europa heftig erschüttern. Die Pest traf auf eine durch Hunger geschwächte Bevölkerung. Das führte in Europa Schätzungen zufolge zu ca. 25 Millionen Toten; auf dem Gebiet des heutigen Deutschlands starb etwa jeder zehnte Einwohner. Leider wissen wir nicht genau, wie schlimm die Seuche Breisach wirklich erfasste, da keine genauen Überlieferungen vorhanden sind. Als man 1939 bei den Ausschachtungsarbeiten für einen Kindergarten etwa 20 bis 30 Skelette fand, wurde der Fundort als mittelalterlicher Pestfriedhof angesehen, da diese Menschen nicht auf einem der üblichen Friedhöfe begraben worden waren. Wie viele Opfer der Schwarze Tod in Breisach forderte, bleibt aber bislang Spekulation.

Vom Kriegszug Herzog Leopolds III. (1351–1386) gegen die Eidgenossen abgesehen, scheint das letzte Viertel des 14. Jhs. für die Stadt eine recht friedliche Zeit gewesen zu sein. Da Breisach dem Stadtherren die Heerfolge schuldete, kämpften auch Breisacher Bürger an der Seite des Herzogs in der Schlacht von Sempach im Jahr 1386, der letzten und entscheidenden Auseinandersetzung zwischen dem Haus Habsburg und der sich entwickelnden Schweizer Eidgenossenschaft. Diese Schlacht kostete nicht nur den Herzog selbst, sondern auch einen Großteil der Nachkommen des Freiburger Stadtpatriziats das Leben. Die Breisacher scheinen glimpflicher davon gekommen zu sein, es gibt keine Berichte über hohe Verluste unter ihnen. Breisach entwickelte sich allen Widrigkeiten zum Trotz unter den Habsburgern stetig weiter. Leopold III. wurde von seinem Sohn Friedrich IV. von Habsburg (1382–1439), genannt »Herzog mit der leeren Tasche«, beerbt. Und als Friedrich »mit der leeren Tasche« im Jahr 1439 starb, wurde er wiederum von seinem Sohn Sigmund »dem Münzreichen« (1427–1496) beerbt. Die Pfandschaft der Habsburger über Breisach war über Jahrzehnte hinweg seit der Herrschaft Kaiser Ludwigs des Bayern von allen weiteren Kaisern bestätigt und weitergeführt worden. Im Jahr 1438 wurde ein Verwandter Sigmunds, Herzog Albrecht von Österreich (1397–1439), zum König gewählt. Die Reichskrone sollte nun bis zum Untergang des Heiligen Römischen Reiches 1806, mit nur wenigen Jahren Unterbrechung, bei den Habsburgern bleiben. Da nun dieselbe Dynastie als Pfandherr und als eigentlicher Herr der Stadt und damit Pfandgeber auftrat, war Breisach vollends eine österreichische Stadt geworden.

Unter der Herrschaft der Habsburger entwickelte sich die Stadt im 15. Jh. stetig weiter und wuchs über ihre bisherigen Grenzen hinaus. Die zu Anfang des 14. Jhs. gebaute Stadtmauer war längst zu eng geworden und die Stadt war beim Gutgesellentor über den Mauerring hinausgewachsen. Vor dem Gutgesellentor war die Straßgasse entstanden. Der Raum vom Gutgesellentor hinüber zum Eckartsberg hieß im 14. Jh. noch »das Allmend«, eine Fläche die der Nutzung durch alle Bürger offenstand. Sie füllte sich allmählich mit Bebauung. Die Unterstadt wurde traditionell von Handwerkern bewohnt. Auf dem »Werd«, dem heutigen Marktplatz, wurden Viehmärkte abgehalten. Dieser neue Stadtteil sollte nun in den Mauerring mit einbezogen werden. Leider haben wir von dieser Erweiterung der Stadtbefestigung weder Bilder noch Baureste. Aus den heutigen Straßenzügen lässt sich jedoch der Verlauf der Mauer rekonstruieren: entlang der Spitalgasse und der Stuckgasse sowie der Rempartstraße. Am Ende der Straßgasse stand das ursprüngliche Neutor. Der heutige Neutorplatz und auch der weitere Verlauf der Rempartstraße sind Folgen des wesentlich späteren französischen Festungsbaus und helfen bei der Suche nach dem Verlauf der spätmittelalterlichen Stadtbefestigung nicht weiter. Eines aber zeigt die Stadterweiterung: Die Stadt war nach wie vor im Wachstum.

Breisach und Burgund

Städte zu verpfänden war im Mittelalter bei Herrschern ein beliebtes Mittel, die eigenen Finanzen zu sanieren. Es brachte viel Geld ein, aber man behielt sich die Möglichkeit, den Besitz wieder auszulösen und verlor die Stadt so nicht unwiederbringlich. Breisach hatte das ja schon mehrfach erlebt.

Im Jahr 1469 befand sich Herzog Sigmund, »der Münzreiche«, der nach dem Tod seines Vaters Friedrich »mit der leeren Tasche« die Stadtherrschaft übernommen hatte, in finanziellen Schwierigkeiten. Sein Beiname »der Münzreiche« bezog sich auf den Besitz seiner Münzstätten in Tirol, nicht unbedingt auf seinen tatsächlichen Reichtum. Da trat Herzog Karl der Kühne von Burgund (1433–1477) auf den Plan. Das Herzogtum Burgund war im Laufe des 14. Jhs. zu einer erheblichen Macht in Mitteleuropa aufgestiegen. Sein Territorium umfasste weite Teile des heutigen Frankreichs, Belgiens und der Niederlande. Karl der Kühne wollte seinen Einfluss auch im Reich ausdehnen. Da kam ihm die Notlage Sigmunds gerade recht. Im Mai 1469 wurden die Verträge von St. Omer geschlossen: Sigmund verpfändete dem Burgunder unter anderem die Landgrafschaft Elsass und die Stadt Breisach.

Breisach wurde also im Juli 1469 burgundisch. Die Stadt huldigte dem neuen Herrn, der ihr im August durch eine Urkunde alle Freiheiten bestätigte. Karl der Kühne schlug seine neu erworbenen Besitzungen der »Baillage Auxay et Ferrate«, einer burgundischen Verwaltungseinheit, zu. Diese unterstand dem Bailli oder Landvogt Peter von Hagenbach (1420–1474).

Die burgundische Herrschaft sollte für Breisach eine unglückliche Zeit werden, was vor allem an dem neuen Landvogt lag. Die Heimat Peter von Hagenbachs und seiner Familie waren Burg und Dorf Hagenbach, ungefähr 35 km von Belfort entfernt im Oberelsass. Er beherrschte sowohl Deutsch als auch Französisch und hatte lange am burgundischen Hof gelebt, wo er zu einem Vertrauten Karls des Kühnen wurde. Von seiner Herkunft und seinen Qualifikationen war er an sich wie geschaffen für das Amt des Landvogts in den neu erworbenen Gebieten des Herzogs.

Doch in den Quellen der Zeit wird er als Emporkömmling aus niederem und verarmten Adel beschrieben, als geldgierig und ehrgeizig. Er soll militärisch begabt, aber auch hart und rücksichtslos gewesen sein. Dieser Mann war nun Stellvertreter des burgundischen neuen Breisacher Stadtherrn und übte seine Macht ohne Bedenken aus. Er residierte nicht in Breisach, sondern hauptsächlich in Thann, wo er durch seine aufwendige Hofhaltung Aufsehen erregte. Allerdings hielt er sich regelmäßig in Breisach auf und machte sich wegen seiner grausamen Art äußerst unbeliebt. So zwang Hagenbach 1473 die Stadt, ihm das Schultheißenamt zu übertragen – die Selbstverwaltung der Stadt, die sie sich so lange erhalten hatte, war damit beseitigt. Immer mehr mischte er sich in die inneren Angelegenheiten der Stadt ein und setzte dabei auf Einschüchterungen und Gewalt. Er ließ willkürlich Leute hinrichten, verhaftete ganz nach Belieben Bürger und fiel mit seinen Getreuen über die Frauen der Stadt her. Und er erhob den sog. »Bösen Pfennig« – eine Art Sondersteuer auf jeden getrunkenen Krug Wein.

Dann aber wendete sich das Blatt: Hagenbach versuchte, eidgenössische Gebiete in seinen Besitz zu bringen – mit Wissen und Willen Karls des Kühnen. Für viele Mächte am Oberrhein stellte die burgundische Herrschaft eine Bedrohung dar; eine weitere Ausdehnung wollte man um jeden Preis vermeiden. In Basel verhandelten die oberrheinischen Reichsstädte miteinander, sogar mit Herzog Sigmund nahm man Verhandlungen auf, dem ehemaligen Gegner der Eidgenossen. Man überlegte, dem Österreicher das Geld vorzustrecken, um die

Der Hagenbachturm; hier wurde Peter von Hagenbach bis zu seiner Verurteilung inhaftiert. ▶

verpfändeten Ländereien auszulösen und so die Burgunder wieder loszuwerden. Das Verhalten von Peter von Hagenbach hat sicher dazu beigetragen, dass alte Feinde sich nun verbrüderten. Es kam zu einer Einigung zwischen den Eidgenossen, dem Herzog und den elsässischen Reichsstädten: Das Geld wurde vorgestreckt, der Herzog kündigte Karl dem Kühnen die Pfandschaft auf.

Das war das Ende des Peter von Hagenbach: 1474 stürzte ihn der von den oberrheinischen Städten angezettelte Aufstand, in dessen Verlauf er gefangen genommen wurde, nachdem er sich in Breisach verschanzen wollte. Dieses Vorhaben misslang allerdings gründlich: Seine Söldner forderten die Auszahlung des rückständigen Solds und liefen zur Gegenseite über, die Bürger bewaffneten sich. Infolge dieser Tumulte wurde Hagenbach im Windbruchtor, dem Stadtturm auf halber Höhe der Münsterbergstraße, gefangengesetzt. Seit damals wird dieser Turm Hagenbachturm genannt.

Ausschnitt aus der Breisacher Reimchronik (um 1480, Verfasser unbekannt). Hier wird die peinliche Befragung des Landvogts Peter von Hagenbach dargestellt.

Ein Gericht, gebildet aus Vertretern der oberrheinischen Städte und der Vorlande, versammelte sich am 9. Mai 1474 im Radbrunnenturm. Es bestand aus 28 Richtern aus verschiedenen Staaten des Heiligen Römischen Reiches. Hagenbach wurde angeklagt wegen Mordes und Konfiskation, verübt an Bürgern von Thann und Breisach, wegen der Erhebung des »Bösen Pfennigs« und wegen der Entrechtung Breisachs. Im Laufe des Prozesses kamen noch weitere Anklagepunkte hinzu, nämlich Eidbruch sowie Übeltat gegen Männer und Notzucht (Vergewaltigung) gegen Frauen. Viermal wurde der Landvogt gefoltert – erst dann gestand er alles, was ihm zur Last gelegt wurde. Am 9. Mai 1474 wurde er in allen Punkten schuldig gesprochen. Noch am selben Abend wurde das Urteil vollstreckt: Der Henker von Colmar enthauptete Peter von Hagenbach vor dem Kupfertor.

Damit war die burgundische Herrschaft am Oberrhein beendet. Erstaunlicherweise hatte diese Episode Breisach in seiner wirtschaftlichen, politischen und kulturellen Entwicklung kaum zurückgeworfen.

Langsamer Wandel von der Handelsstadt zur Festung

Insgesamt war das späte 15. Jh. nach dem Ende der burgundischen Herrschaft eine eher ruhige Phase in Breisach. Das Handwerk und der Handel florierten, aber leider gibt es gerade über die Handwerkszünfte nur wenig gesicherte Nachrichten, da die entsprechenden Archive 1793 bei der Zerstörung der Stadt durch französische Bombardierung in Flammen aufgingen.

Der Rohbau des Münsters war um 1494 beendet. Eingemeißelte Jahreszahlen an den verschiedenen Bauteilen machen es möglich, den Fortgang des Baus nachzuvollziehen. Am Nordostpfeiler im Westbau des Langhauses finden wir das Jahr 1473, an den Treppentüren 1485, am Sakristeivorbau 1473 und an einem Strebepfeiler nahe der Sakristei schließlich das späteste Datum: 1494.

Dass es der Stadt in der Zeit um 1500 wirtschaftlich gut ging, kann man auch daran ablesen, welche Ausstattungsstücke des Münsters in dieser Zeit angeschafft bzw. in Auftrag gegeben wurden. Dazu zählen die Wandbilder Martin Schongauers (um 1445–1491) an der Westwand des Münsters. Leider wissen wir nichts über den Auftrag an ihn, aber eine Quelle aus dem Jahr 1489 weist ihn als Breisacher Bürger aus. Das legt Folgendes nahe: Martin Schongauer verfügte in seiner Heimatstadt Colmar über einigen Besitz und hatte damit eigentlich keinen Grund, Colmar den Rücken zu kehren. Wenn er sich also um das Breisacher Bürgerrecht bemühte, lag das wahrscheinlich daran, dass er so leichter an den Auftrag im Münster kam. Er starb 1491 in Breisach. Ob er hier auch begraben wurde, ist nicht sicher. Es war in dieser Zeit nicht üblich, normale Bürger vom Sterbeort woanders hin zum Begräbnis zu überführen, was dagegenspricht, dass Schongauer in Colmar begraben wurde. Wahrscheinlicher ist, dass er auf dem Kirchhof in Breisach beerdigt wurde. In jedem Fall ist sein Grab heute aber verloren.

Im Breisacher Münster fertigte Schongauer ein dreiteiliges Wandbild des Jüngsten Gerichts an. Es ist die größte Darstellung dieses Themas nördlich der Alpen und liegt zeitlich 50 Jahre vor Michelangelos »Jüngstem Gericht« in der Sixtinischen Kapelle. Ähnlich bedeutend, wie das Wandbild Martin Schongauers ist der spätgotische Hochaltar im Chor des Münsters. Der große, geschnitzte Flügelaltar wurde zwischen 1523 und 1526 geschaffen. Das ergibt sich aus einem Brief des Breisacher Rats an den Freiburger Rat aus dem Jahr 1523, der sich im Stadtarchiv von Freiburg befindet. Er enthält die Bitte um Lindenholz, das sich für einen Schnitzaltar eignete, aber im Breisacher Wald nicht zu beschaffen war. Ein Rätsel bleibt bis heute der Name des Künstlers. Der Altar selbst zeigt auf einem Täfelchen, das ein kleiner Engel hält, immerhin die Initialen des Schnitzers: HL. Dieser Künstler schuf auch den Altar in St. Michael in Niederrotweil. In der Kunstgeschichte wird noch immer darüber gerätselt, wer HL war, aber eine zweifelsfreie Identifizierung ist bis heute nicht gelungen.

Im Jahr 1496 wurde ein weiteres, sehr kostbares Ausstattungsstück angeschafft. Der Straßburger Künstler Peter Berlyn fertigte aus versilberten Kupferplatten über einem Kasten aus

Der Hochaltar vom Meister HL. Die Mitteltafel zeigt eine Marienkrönung: Auf dem linken Flügel sind die Kirchenpatrone Stephanus und Laurentius, auf dem rechten die Stadtpatrone Gervasius und Protasius dargestellt. In der Predella sieht man die vier Evangelisten.

Lindenholz einen neuen Reliquienschrein für die Stadtheiligen Gervasius und Protasius. Ab dem späten 15. Jh. spielten die beiden Stadtpatrone im religiösen Leben Breisachs wieder eine bedeutendere Rolle. Zum Beispiel gab es seit dieser Zeit viele Breisacher mit den Vornamen Gervasius und Protasius, eine Tradition, die sich bis ins 19. Jh. hinein erhalten sollte. In einem 1505 in Straßburg gedruckten Wallfahrtsbuch findet sich der Hinweis, dass die Bewohner Breisachs nach einem Hochwasser die noch andächtigere Anbetung der Heiligen gelobt hätten. Das könnte bedeuten, dass die Reliquien zwar seit 1162 in Breisach lagen, aber im Laufe der Zeit in Vergessenheit geraten waren, und nun Ende des 15. Jhs. die Verehrung wieder auflebte. Innerhalb von kaum einer Generation wurden also drei herausragende Kunstwerke für das Breisacher Münster geschaffen. Das zeigt, dass die Stadt in dieser Zeit über einen erheblichen Wohlstand verfügte.

Im Jahr 1496 starb Herzog Sigmund der Münzreiche 1496 ohne direkte Erben. Die Tiroler Linie der Habsburger, die auch schon lange die österreichischen Vorlande regiert hatte, starb damit aus. Sein Besitz fiel an Maximilian I. (1459–1519), der ab 1486 römisch-deutscher König und ab 1508 bis zu seinem Tod 1519 römisch-deutscher Kaiser war. Ab jetzt waren alle Habsburger Länder in der Hand einer Linie vereint.

Maximilian I. hielt sich während seiner Regierungszeit häufig am Oberrhein, in Freiburg und einige wenige Male auch in Breisach auf. Das lag hauptsächlich daran, dass er sich mehrfach sowohl mit der Schweizer Eidgenossenschaft als auch mit Frankreich im Krieg befand. Er schätzte Breisach aufgrund der strategisch bedeutsamen Lage am Rhein, denn schließlich war Breisach der wichtigste Rheinübergang zwischen Basel und Straßburg. Ein gut befestigtes Breisach war gegen Angriffe Frankreichs von größter Bedeutung. Daher befahl er schon 1492, die Burg und die Mauern und insbesondere die Außenbefestigungen der Unterstadt zu verstärken. So wurde der Übergang Breisachs von einem Handelsplatz zur Festungsstadt von Kaiser Maximilian I. begonnen; es dauerte aber noch bis zum Ende des 16. Jhs., bis dieser Wandel wirklich vollzogen war.

Silberschrein der Reliquien der Stadtpatrone Gervasius und Protasius. Der Schrein befindet sich im Breisacher Münster, heute als Teil des Zelebrationsaltars.

Die Reformation

Martin Luthers Thesen fanden schon 1518 begeisterte Anhänger am Oberrhein, und es sollte lange dauern, bis in den verschiedenen herrschaftlichen Territorien wieder klare konfessionelle Verhältnisse herrschten. In Vorderösterreich ging die Obrigkeit streng gegen Anhänger Luthers vor: so wurden in Freiburg lutherische Bücher eingezogen und verbrannt. Trotzdem gab es durchaus Städte und Ortschaften, die sich gegen den habsburgisch verordneten Katholizismus auflehnten. Zum Beispiel öffnete sich die Stadt Neuenburg 1522 völlig der Reformation, ähnliches geschah in Kenzingen.

Wenn man bedenkt, wie viel Geld und Mühe man in Breisach gerade vor und zur Zeit der Reformation in die Ausstattung des Münsters steckte, stellt sich die Frage, ob es in Breisach überhaupt fruchtbaren Boden für die Ideale der

Reformation geben konnte. Lange Zeit gingen die Historiker davon aus, dass Breisach eine Festung des Katholizismus geblieben sei. Doch wenn man sich die Entwicklung in der Region ansieht, erscheint das als nicht haltbar.

Im Elsass fasste die Reformation sehr schnell Fuß, vor allem Straßburg bildete hier ein Zentrum. Namhafte Theologen und Prediger wie Matthias Zell, Wolfgang Capito und allen voran Martin Bucer (nach dem die heutige evangelische Gemeinde Breisachs benannt ist) trugen dazu bei, den Bewohnern die neue Lehre nahezubringen und sie dafür zu begeistern. Auch wenn der örtliche Klerus und der Bischof den Ideen der Reformation natürlich ablehnend gegenüberstanden, konnten sie das Verlangen der Gläubigen nach Veränderung nicht lange unterdrücken. Zu Beginn der 1520er Jahre etablierte sich die neue protestantische Kirche in Straßburg; am Ende dieses Jahrzehnts wurde die katholische Messe verboten. Straßburg wurde eine protestantische Stadt, und die Straßburger Buchdrucker trugen dazu bei, dass sich die Schriften Luthers sowie der örtlichen Reformatoren entlang des Oberrheins verbreiteten.

Das andere Zentrum der Reformation am Oberrhein war die Stadt Basel. Durch ihre Papierfertigung, den Buchdruck und die Verlage wurde die Stadt zum Anziehungspunkt der Humanisten. Die treibende Kraft hinter der Basler Reformation war der Basler Priester und Professor Johannes Oekolampad (1482–1531), der 1525 das erste evangelische Abendmahl feierte. Im Frühjahr des Jahres 1529 zwangen reformierte Bürger den Rat der Stadt, die Reformation zuzulassen. Aus der katholischen Bischofskirche wurde das evangelisch-reformierte Münster. Das katholische Domkapitel floh nach Freiburg und lebte von da an dort im Exil.

Breisach unterhielt zu beiden Städten Beziehungen. Die Ausstrahlung dieser beiden reformatorischen Mittelpunkte kann nicht spurlos an der Stadt vorbeigegangen sein. Tatsächlich ist die Situation in Breisach nicht ganz eindeutig. Die Stadt hatte sich, bei aller Autonomie in Wirtschafts- und Verwaltungsdingen, immer loyal zu den habsburgischen Landesherren verhalten. Die katholische Kirche war auch sehr präsent in der Stadt: zwei Männerklöster, ein Frauenkloster, dazu noch das Münster, wo es außer dem Stadtpfarrer noch zwei sog. Kooperatoren (Assistenten des Pfarrers) sowie 16 Kapläne gab. Doch gerade unter den Angehörigen des Klerus finden wir eine Persönlichkeit, die mit den Lehren der Reformation zumindest recht vertraut gewesen sein muss: Johannes Henner, genannt Gallinarius. Er war Münsterpfarrer in Breisach und tendierte wohl zu reformatorischen Ansätzen. Schon im Jahr 1516, also ganz zu Beginn der Reformationsbewegung, sorgte er mit seinen Predigten für einen gewissen Aufruhr: Bis nach Freiburg drang sein Ruf, sodass der dortige Stadtrat dem Breisacher Rat vorwarf, mit Gallinarius nicht streng genug zu sein.

Darüber hinaus gibt es Anzeichen, dass in Breisach so manches geduldet wurde: in Achkarren, das zu Breisach gehörte, gab es einen Pfarrer namens Burkart Fryttag, der ganz offiziell mit seiner Tochter zusammenlebte – das schien den Klerus in Breisach nicht weiter zu stören. Alles in allem kann man wohl feststellen, dass Breisach weder ein Bollwerk des Katholizismus noch eine Hochburg des neuen Glaubens gewesen ist. Die Stadt blieb offiziell katholisch und erlaubte keine Lutheranhänger in der Stadt, wie es von der vorderösterreichischen Regierung gefordert wurde. Bürger, die insgeheim den Lehren Luthers anhingen, wurden aber wohl trotzdem geduldet, solange sie diskret blieben. Zumindest gibt es keine Berichte über Vertreibungen oder Verurteilungen. Die vorhandenen Quellen legen nahe, dass die Stadt eine gemäßigte Haltung an den Tag legte. Da die Ratsprotokolle der Stadt aber erst ab 1600 erhalten sind, ist die Quellenlage zu dürftig, um eine gesichertere Aussage zu treffen.

Im Zuge der beginnenden Gegenreformation Anfang des 17. Jhs. wurden die katholischen Regeln wieder wesentlich strenger durchgesetzt. Es wird davon berichtet, dass protestantische Bücher beim Rat abgegeben werden mussten, wohl um die weitere Verbreitung der evangelischen Lehre einzudämmen. Auf dem Friedhof wurde ein räumlich streng abgetrennter Bereich für nicht-katholische Verstorbene eingerichtet – ein Anzeichen dafür, dass es in Breisach eine größere Anzahl nicht-katholischer Personen gab! Die Notwendigkeit für diesen Begräbnisplatz wurde offensichtlich, als der Totengräber 1610 einen protestantischen Soldaten auf dem katholischen Friedhof begrub, was zu großer Empörung und einer saftigen Strafe für den Totengräber führte. Alles in allem blieb Breisach aber in den nächsten Jahrhunderten überwiegend katholisch. Erst seit 1904 gibt es ein evangelisches Gotteshaus. Davor mussten die Breisacher Protestanten sich mit Gottesdiensten in Privathäusern und zeitweise in der Josefskirche behelfen, oder man machte sich auf ins benachbarte protestantische Ihringen.

Der Bauernkrieg

Die Geschichte der Reformation im Südwesten ist eng verwoben mit den »Bauernkriegen« von 1524 bis 1526. Schon Ende des 15. Jhs. gab es im heutigen Baden-Württemberg und im Elsass die »Bundschuhbewegung«, die eine Anzahl von Aufständen an verschiedenen Orten zur Folge, in Breisach aber keine Auswirkungen hatten. Alle diese Aufstände wurden niedergeschlagen. Im Jahr 1524 breitete sich der Bauernaufstand vom Klettgau über den Hegau bis in den Breisgau aus. Immer mehr Bauern stießen zu dem sog. »Schwarzwälder Haufen«, der in der Spitze ungefähr 12.000 Personen umfasste. Im Mai 1525 belagerten die Bauern Freiburg. Nach sechs Tagen musste sich die Stadt ergeben und schloss sich gezwungenermaßen der »Christlichen Vereinigung« an, wie das Bauernheer sich nannte. Es hinterließ eine Besatzung und zog weiter Richtung Breisach. Die Belagerung und Kapitulation Freiburgs sind das Hauptereignis des Bauernkrieges am Oberrhein. Keiner der übrigen »Haufen«, die von den Bauern im Breisgau gebildet wurden, hat eine so geschlossene und erfolgreiche Aktion zustande gebracht.

Im Frühjahr 1525 jedoch herrschte dann im ganzen Kaiserstuhl Aufstand. Im Mai wurde Breisach zum einen vom Kaiserstühler Haufen, zum anderen von Markgräfler und Schwarzwälder Bauern belagert. Offenbar kam es aber nicht zu Kampfhandlungen, vielmehr spielte sich die Auseinandersetzung schriftlich, sozusagen auf »diplomatischer Ebene«, ab. Breisach hatte sich insgesamt bislang aus dem Konflikt herausgehalten. So war man zum Beispiel dem belagerten Freiburg

DAS HAASENTÖRLE – EINE MISSLUNGENE PREDIGT UND IHRE FOLGEN

In diese Zeit fällt eine Geschichte, die seit Jahrhunderten erzählt wird, von der wir aber nicht wissen, ob sie wirklich so stattgefunden hat. In den 1520er Jahren gab es in Breisach einen Hilfspfarrer namens Konrad Haas. Dieser hielt eines Tages im Münster eine so protestantisch gefärbte Predigt, dass es den Stadtschreiber, der bei der Messe anwesend war, nicht mehr auf seinem Platz hielt. Er sprang auf und wies die Gemeinde sowie die Ratsmitglieder darauf hin, dass sie hier mit lutherischem Gedankengut »verseucht« würden. Da bekam es Pfarrer Haas mit der Angst zu tun, dass er nun wegen Verleugnung des Katholizismus angeklagt werden könnte. Er sprang von der Kanzel und verließ das Münster durch eine kleine Pforte in der Südwand. Haas rannte den Münsterberg hinunter zum Pfarrhof in der Unterstadt und packte hastig seine Sachen. Dann ging er zum Kloster Marienau, um die Äbtissin mitzunehmen, die angeblich schon seit längerer Zeit seine Geliebte war. Gemeinsam flohen sie ins protestantische Ausland. Dazu musste man damals nicht weit reisen, denn der nächste protestantische Ort war bereits Ihringen. Haas wurde erst im Markgräfler Land, dann sogar bis hinüber nach Württemberg ein angesehener protestantischer Prediger und starb 1557. Heute heißt die Fluchttür nach ihm die »Haasentörle«. Nach der Flucht des Pfarrers wurde die Tür zugemauert und erst knapp 500 Jahre später, im Jahr 2008, wieder geöffnet.

In Breisach hat die Geschichte bis in die Gegenwart Auswirkungen: Bei der Predigt während der Messe im Münster zum Stadtpatrozinium steht bis heute ein Ordnungshüter in Uniform neben dem Pfarrer. Damit soll verhindert werden, dass im Münster noch einmal »zu protestantisch« gepredigt würde. Das ist angesichts der Tatsache, dass bei diesem Anlass schon häufig evangelische Gastprediger gesprochen haben, eine zum Schmunzeln anregende Sitte.

nicht zur Hilfe gekommen. In einem Schreiben an den Freiburger Rat drückte die Stadt aber ihr Bedauern aus. Man wollte sich wohl eine gute Verhandlungsgrundlage mit den Bauern erhalten und blieb deshalb erstmal neutral. Ende Mai wurde Breisach dann von Abgesandten der Bauern aufgefordert, sich ihrer Vereinigung anzuschließen. Die Bauern wollten sich so auch Zutritt zur Stadt verschaffen. Breisach lehnte dies höflich, aber ausdrücklich ab, und zwar mit dem Hinweis, dass so ein Beitritt einen Verstoß gegen die Pflichten gegenüber ihrem Stadtherrn Kaiser Karl V. (1500–1558) darstelle, der nicht zu rechtfertigen sei. Außerdem würde es auch die freundschaftlichen Beziehungen der Stadt zur benachbarten Markgrafschaft stören. Aber man machte den Bauern zumindest folgende Zusage: Breisach habe bis jetzt keine Feinde der Bauern unterstützt und werde auch zukünftig niemanden die Stadt passieren lassen, der die Bauern bekämpfte. Dies war eine wichtige Zusage, denn Breisach kontrollierte ja einen Rheinübergang, und so mussten die Bauern nicht befürchten, dass ihnen von der anderen Rheinseite Gefahr drohe. Über diese Vereinbarung wurden offizielle Urkunden ausgestellt und ausgetauscht. Breisach hielt sich in der Folgezeit auch an die Vereinbarungen. Dafür hoben die Bauern die Belagerung Breisachs auf und zogen ab.

Die Erfolge der Bauern waren nicht von Dauer. Am 19. Juli 1525 kündigte die Stadt Freiburg das erzwungene Abkommen mit den Bauern auf und begann mit Vergeltungsmaßnahmen. Nach den Anführern der Aufstände wurde gefahndet; viele von ihnen wurden verurteilt und hingerichtet. Den Bauern wurden zum Ausgleich für die angerichteten Schäden Zahlungen auferlegt. Ende 1525 war der Bauernkrieg im Südwesten im Wesentlichen vorbei. Etliche geächtete Bauern lebten noch Jahrzehnte als Mitglieder von Räuberbanden in Wäldern. Zu größeren Aufständen kam es aber nicht mehr.

Vom Bauernkrieg bis zum Dreißigjährigen Krieg

In der 2. Hälfte des 16. Jhs. wurde Breisach unter Kaiser Karl V. und seinem Nachfolger Ferdinand I. (1503–1564) immer mehr zur Festungs- und Garnisonsstadt ausgebaut. Schon zu Beginn des Jahrhunderts hatte Kaiser Maximilian I. mit der Schaffung

DAS KLOSTER MARIENAU – EIN OPFER DES BAUERNKRIEGES

Dass man den Bauernaufstand durchaus ernst nahm, zeigt das Schicksal des Klosters Marienau. Es befand sich in unmittelbarer Nähe zum Eckartsberg und war nicht in die Befestigung der Stadt einbezogen. Damit lag es aber andererseits so nahe an der Stadtmauer, dass die Gefahr bestand, dass sich die Bauern dort verschanzen konnten und das Kloster nicht nur als Verpflegungsbasis, sondern auch als Stützpunkt für einen Angriff auf die Stadt nutzen würden. Marienau war die Achillesferse der ansonsten so guten Befestigung Breisachs.

Seit seiner Gründung hatte sich das Kloster zur bevorzugten Versorgungsstelle für ledige Töchter des adeligen Breisacher Stadtpatriziats, zahlreiche elsässischer Ministerialienfamilien und weibliche Angehörige des breisgauischen Adels entwickelt. Für die Aufnahme von Novizinnen wurden dem Kloster, vergleichbar einer »Mitgift«, Güter übereignet. Dadurch und durch Schenkungen erwarb das Kloster umfangreiche Ländereien im Breisgau und im Elsass, und wurde vor allem im Laufe des Spätmittelalters zum größten Grundbesitzer in Breisach.

Die Breisacher standen dem Abbruch des Klosters positiv gegenüber. Allerdings brauchte man dafür die Genehmigung des Landesherrn oder der vorderösterreichischen Regierung in Ensisheim. Doch da dies langwierig zu werden versprach, befand der Breisacher Rat, es sei »Gefahr im Verzug«, und handelte entsprechend: Im Frühjahr 1525 beschloss man, das Kloster ohne Erlaubnis des Landesherrn aufzuheben und die Klosteranlagen abzubrechen. Die Stadt Breisach verleibte sich, nicht ganz legal, die Klostergüter ein. Das Verhalten der Stadt wurde nach dem Ende des Bauernkriegs von der landesherrlichen Verwaltung in Innsbruck zwar untersucht und gerügt, doch letztendlich blieb die Sache ohne Folgen für Breisach.

einer »Burgvogtei« eine landesherrliche militärische Kommandostelle eingerichtet. Das bedeutete, dass der Kaiser die Befestigung und Verteidigung Breisachs nicht mehr allein der Stadt überlassen wollte, sondern ihr mit dem Burgvogt einen militärischen Verwalter vor die Nase setzte. Auch dies zeigt, welche militärische Bedeutung die Habsburger des 16. Jhs. Breisach beimaßen.

Auch das Selbstverständnis der Breisacher ändert sich in dieser Zeit: weg von der selbstbestimmten kleinen Handelsstadt mit Kontrolle über eine Rheinbrücke und vielen Privilegien hin zu einem Pfeiler der habsburgischen, kaiserlichen Herrschaft, zu einer immer stärker ausgebauten Festung auf dem schützenden Berg am Rhein, was der Stadt im 17. Jh. die Beinamen »Schlüssel zum Rhein« und schließlich »Schlüssel zum Reich« verleihen wird. Dieses neue Selbstverständnis spiegelt sich auch in der Geschichte wider, die der Maler Stoffel Feidel von Schwäbisch Gmünd in Breisach erlebte: Er wurde am 2. August 1605 aus der Stadt gewiesen, weil er die Stadt und damit die Festungsanlagen gemalt hatte. Man verdächtigte ihn, ein Spion zu sein, nahm ihm seine Zeichnungen ab und jagte ihn davon!

Breisach um 1600 war eine gut entwickelte Stadt mit breit gefächerter Wirtschaft. Neben den Geschäften für den täglichen Bedarf fallen einige ungewöhnliche Gewerbe auf: Da ist die Glockengießerei, die mindestens seit den 1570er Jahren bestand. In den Jahren 1579 und 1583 wurde je eine Glocke für das Münster gegossen. Beide Glocken gibt es bis heute; sie hängen im Nordturm des Münsters. Auch ein Orgelbauer, verschiedene Uhrmacher und ein Siegelschneider übten in Breisach ihren Beruf aus. Das zeigt, dass in der Stadt auch genügend Nachfrage nach Produkten vorhanden war, die über das hinausgingen, was für das alltägliche Leben gebraucht wurde. Die Gewerbepolizei überwachte die Metzger, Bäcker und Fischer – Qualität, Handel und Preise waren streng reglementiert. In Zeiten starker Nachfrage nach Fisch, wie in der Fastenzeit, beschränkte der Rat die Ausfuhr von Fisch, der Fang der Breisacher Fischer sollte in der Stadt verkauft werden. Der Gewerbepolizei unterlagen aber auch die Handwerker wie die Küfner, Hafner, Ziegler, Schmiede, Weber und Schiffer. Es gab in Breisach mindestens einen Arzt, das Spital sowie eine Apotheke. Auch eine Hebamme war bestellt.

Die Gastronomie war um 1600 ebenfalls gut entwickelt. Abgesehen von vielen namentlich überlieferten Gasthäusern

HEXENVERFOLGUNGEN

Am östlichen Ende des Münsterplatzes stand im 17. Jh. noch ein alter Wachturm, der »Luginsland«. Um 1600 kannte man ihn jedoch als »Hexenturm«, bis er 1675 abgerissen wurde. Heute erinnert noch ein kleines Modell aus Stein am Abgang der Schänzletreppe daran, dass hier einmal ein Turm stand.

Der starke Anstieg der Hexenverfolgungen steht in engem Zusammenhang mit den Auswirkungen der sog. »Kleinen Eiszeit«. Im 16. und 17. Jh. veränderte sich das Klima in Europa dramatisch. Missernten und Hungersnöte waren die Folge. Die Hungersnot der 1570er Jahre löste wirtschaftliche Schäden, Teuerung, Armut und Not aus. Kein Wunder also, dass die Menschen den Grund für ihre Not in schwarzer Magie und Hexerei sahen.

Das hat auch in Breisach eine Rolle gespielt. So gab es 1601 den Fall einer Frau Olk, die sich beim Rat darüber beschwerte, dass ihre Tochter und ihr Schwiegersohn sie der Hexerei verdächtigten und sie ihre Tochter deshalb enterben wollte. Eine andere Frau geriet in den Verdacht, weil verschiedene Nachbarn einen Eid schworen, sie hätten sie auf einem Geißbock reiten gesehen. Es brauchte also nicht viel, um in den Verdacht der Hexerei zu geraten. Im Juni 1603 wurden die beiden Frauen ins Gefängnis gebracht, verhört und zum Tode durch Verbrennen verurteilt. Allerdings wurden sie auf Bitten einiger Honoratioren dahingehend begnadigt, dass man sie erst enthauptete und dann verbrannte. Im Jahr 1607 finden sich weitere Fälle in den Akten: Die Witwe Magdalena Rot wurde ebenfalls zum Feuertod verurteilt, dann aber auch zur Enthauptung begnadigt. Zwei weitere Frauen wurden angeklagt und »peinlich befragt«, beide aber tatsächlich wieder aus dem Gefängnis entlassen und die Verfahren gegen sie eingestellt – eine Seltenheit bei Hexenprozessen. In den nächsten Jahren gab es wohl keine weiteren solchen Gerichtsverfahren in Breisach, wobei es natürlich sein kann, dass es sie gab, aber keine Unterlagen darüber erhalten geblieben sind. In einer Zeit, in der entlang des gesamten Oberrheins Hexenprozesse in großer Zahl stattfanden, erscheint eine so lange Zeit ohne Anklagen in Breisach unwahrscheinlich. Im Jahr 1638 hören wir noch einmal von der Verhaftung von vier Hexen. Über das weitere Schicksal der unglücklichen Frauen ist leider nichts bekannt. Spätere Hexenverfolgungen sind nicht mehr zu finden, was auch daran liegen könnte, dass das Jahr 1638 – mitten im Dreißigjährigen Krieg – eines des schwärzesten in der Stadtgeschichte war, und die Breisacher andere Sorgen hatten, als sich mit Hexerei zu befassen.

wird auch berichtet, dass den vielen Weinbauern der Stadt vor jeder neuen Weinernte für eine gewisse Zeit der Ausschank ihres eigenen Weins erlaubt war. Dies sind die Vorläufer der heutigen »Straußenwirtschaften«, auch wenn dieser Begriff im 17. Jh. noch nicht verwendet wurde. Wenn man bedenkt, dass Breisach um 1600 ungefähr 3.000 Einwohner hatte, entsteht das Bild einer durchaus wohlhabenden, lebendigen Stadt, in der es sich gut leben ließ.

Ab 1600 können wir auch auf die Protokolle des Breisacher Rats zurückgreifen. Damit wird die Quellenlage, die in den vorherigen Jahrhunderten oft nur Vermutungen über die Verhältnisse in der Stadt zulässt, deutlich besser. Die Entscheidungen des Breisacher Rats geben Einblicke in das tägliche Leben der Bewohner, von den wirtschaftlichen Entwicklungen bis hin zu strafrechtlichen Verfahren. Da ist von Todesurteilen die Rede, von denen im Schnitt eines pro Jahr vollstreckt wurde. Wesentlich häufiger tauchen sog. »Ehrenstrafen« auf, mit denen zum Beispiel Beleidigungen und Trunkenheit in der Öffentlichkeit geahndet wurden. In solchen Fällen fand man sich am Pranger beim Radbrunnenturm wieder.

Der Dreißigjährige Krieg

Zu Beginn des Dreißigjährigen Krieges war Breisach nach wie vor Teil Vorderösterreichs und im Besitz des Kaisers Matthias (1557–1619). Nach dessen Tod folgte ihm sein Cousin Ferdinand aus der Seitenlinie der Habsburger in Innerösterreich als Kaiser Ferdinand II. (1578–1637) nach.

Breisach war zu Beginn dieses Krieges nicht irgendein Ort, sondern wurde als der »große Preis« unter den Festungen am Rhein angesehen. Seit der Zeit Kaiser Maximilians I. war die Stadt immer mehr zur Reichsfestung ausgebaut worden. 3.000 Soldaten waren hier stationiert, 152 Kanonen sicherten das Bollwerk. Im Dreißigjährigen Krieg war die Bezeichnung »Schlüssel zum Reich« für Breisach jedem geläufig. Durch einen Sturmangriff konnte Breisach nicht erobert werden. Einzig eine Belagerung konnte der Festung gefährlich werden. Der Rat kaufte 1618 Pulver und Blei, um die bestehenden Vorräte zu ergänzen, und die Festung wurde von der Regierung in Ensisheim zum Depot für Getreide und Wein für die gesamten österreichischen Vorlande erklärt.

Bis 1632 erlebte Breisach die sog. »ruhigen Kriegsjahre«, da die Epizentren des Krieges in dieser Zeit im Norden Deutschlands lagen. Es kam zwar zu Truppendurchzügen, aber das beeinträchtigte die Stadt wenig. Manche der stationierten Offiziere rechneten offenbar damit, dass sie für sehr lange Zeit in Breisach bleiben würden, denn wir wissen von Hauskäufen durch einige von ihnen. Die Stadtbevölkerung beschwerte sich oft heftig über die Garnison. Man beklagte, dass durch die Offiziersfrauen die Nachfrage auf den Wochenmärkten für alle Güter gestiegen war und daher die Preise anzogen.

Das Leben ging also zunächst normal weiter – sogar ein weiteres Kloster wurde in Breisach gebaut: Das Kapuzinerkloster wurde 1624 begonnen und drei Jahre später eingeweiht. Seit wann sich Kapuzinerpatres des 1528 gegründeten Ordens in der Stadt aufhielten, ist nicht gesichert; aber nun war ihre

Zahl und Bedeutung so gestiegen, dass der Bau eines eigenen Klosters erstrebenswert schien. Das 1785 aufgehobene Kloster wurde 1825 abgerissen.

Belagerung durch die Schweden

Zu Beginn des Jahres 1632 erschienen die Schweden im Unterelsass und plünderten bald auch in der Ortenau. In fieberhafter Eile hob die vorderösterreichische Regierung weitere Truppen aus, von denen ein großer Teil in Breisach stationiert wurde. Und nun brach in Breisach im Sommer 1632 auch noch die Pest aus, die große Opfer unter der Garnison und der Stadtbevölkerung forderte. Vor dem Krieg hatte Breisach zwei Totengräber beschäftigt, die aber neben ihrem Dienst noch genügend Zeit hatten, als Bettelvögte zu agieren, welche für die Überprüfung der Einhaltung gemeindlicher Vorschriften durch Arme und Bettler zuständig waren. Nun aber mussten sie diese Tätigkeit aufgeben, um der vielen Toten Herr zu werden. Auch die Ratsprotokolle spiegeln den Ernst der Lage wider: Der Rat beschäftigte sich hauptsächlich mit Erbangelegenheiten. Doch da die Pest auch so viele Ratsherren dahinraffte, musste man bis zur nächsten Ratswahl einige Tätigkeiten anderen Personen anvertrauen, die dem Rat nicht angehörten.

Im Laufe des Spätherbst 1632 eroberten die Schweden das Elsass und bis Jahresende alle elsässischen Städte. Dies führte zu Zusammenbruch und Flucht der vorderösterreichischen Regierung in Ensisheim. Inzwischen war ein Teil der schwedischen Armee bei Sasbach über den Rhein gegangen und nahm Endingen, Staufen, Neuenburg und zuletzt, im Dezember 1632, auch Freiburg ein. Nur Breisach allein trotzte noch den Eroberern.

1633 beschlossen die Schweden zusammen mit ihren Verbündeten, Breisach ab Anfang Juli von beiden Rheinseiten her zu belagern. Zwar wehrten sich die Breisacher heftig und versuchten, den Bau der schwedischen Belagerungsanlagen mit ihren Laufgräben durch starkes Geschützfeuer aufzuhalten. Doch schon nach einem Monat war die Stadt vollständig eingekreist. Den ganzen Sommer über kam es zu erbitterten Angriffen auf die Festung, und da die Schweden und ihre Verbündeten erfolgreich kaiserliche Truppen zurückdrängten, die Breisach zur Hilfe kommen wollten, wurde die Lage der Stadt immer prekärer. Zudem gab es immer noch Pestfälle.

Gerade als es so aussah, als wäre Breisach verloren, nahte die Rettung. Der spanische General Gomez Suarez de Figueroa, Herzog von Feria (1587–1634), näherte sich mit einer Streitmacht von 25.000 Mann. Er war von Italien her über Tirol nach Konstanz gezogen, das er befreite, und machte sich dann über das Elsass auf in Richtung Breisach. Angesichts dieser Übermacht gaben die Schweden die Belagerung Breisachs auf, räumten ihre Feldlager bei Biesheim und Gündlingen und zogen sich nach Freiburg, Schlettstadt und Colmar zurück. Breisach war um Haaresbreite der Katastrophe entgangen. Der spanische Barockmaler Jusepe Leonardo (1601–1652) schuf 1635 ein gewaltiges Gemälde, das den Herzog auf Breisach blickend zeigt, während seine Truppen in die Stadt einmarschieren. Dabei ist offensichtlich, dass Leonardo Breisach nie gesehen hat, denn die Stadt in seinem Gemälde »la toma de Brisach« ähnelt Breisach kaum! Das Original befindet sich im Museo del Prado, eine Kopie hängt im Breisacher Rathaus.

Belagerung durch Bernhard von Sachsen-Weimar

Nur sechs Jahre später trifft der Krieg Breisach wieder mit voller Wucht. Dieses Mal geht es nicht so glimpflich ab: 1638 wird Breisach von den Truppen des Herzogs Bernhard von Sachsen-Weimar (1604–1638) belagert. Dieser Herzog war das elfte Kind seiner Eltern, und da er daher nicht das Herzogtum Sachsen-Weimar erben konnte, machte er in fremden Armeen als Heerführer Karriere. Er glaubte fest an die protestantische Sache, verlor aber seine eigenen Interessen nie aus den Augen. Bernhard diente erst dem dänischen, dann dem schwedischen König und trat schließlich in die Dienste der Franzosen. Letztendlich wollte er den Krieg als Karrieresprungbrett nutzen und sich ein eigenes Herrschaftsgebiet verschaffen. Nachdem seine

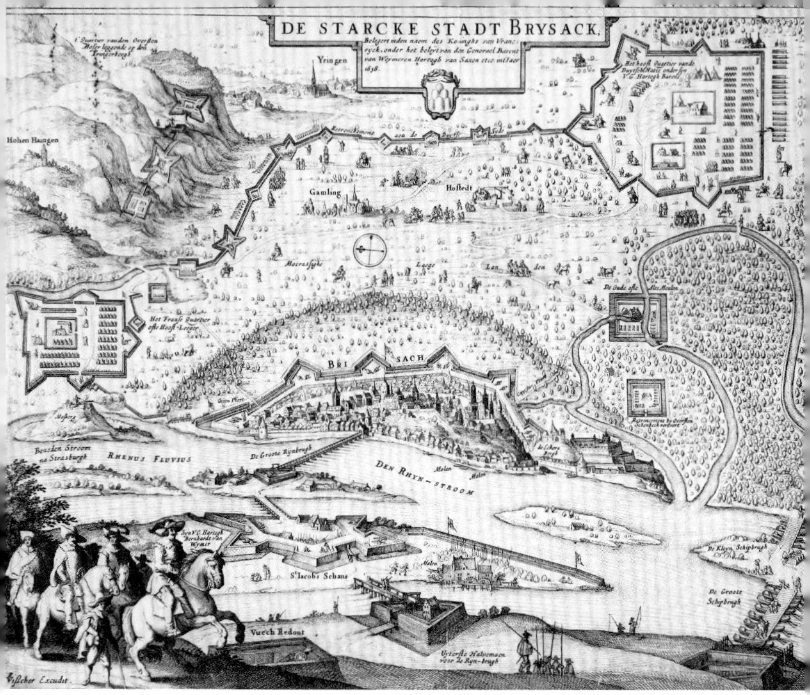

Plan der Breisacher Festung des niederländischen Kupferstechers Claes Jansz. Visscher II (1587–1652) zur Zeit der Belagerung von 1638. Die Festungsanlagen, die den Eckartsberg einschließen, sind gut zu erkennen. Die St. Jakobsschanze auf dem linken Rheinufer wurde später unter der Herrschaft der Franzosen zum Fort Mortier umgebaut.

Idee eines eigenen Herzogtums in Franken unter schwedischer Protektion durch die Niederlage der Schweden in der Schlacht von Nördlingen 1634 untergegangen war, wollte Bernhard ein Herzogtum am Oberrhein errichten, diesmal unter französischem Schutz.

In den späten 1630er Jahren verlagerte sich der Schwerpunkt des Krieges an den Oberrhein. Beide Seiten versuchten, die dortigen Festungen und befestigten Städte zu erobern. Breisach, die größte Festung am Rhein, spielte für die Habsburger im Kampf gegen die Franzosen nun die wichtigste Rolle. Denn wer Breisach beherrschte, kontrollierte gleichzeitig strategisch wichtige Straßen, vor allem aber den Oberrhein.

Im März 1638 begann Bernhard von Sachsen-Weimar die Belagerung der Stadt. Dabei musste er unbedingt verhindern, dass kaiserliche Truppen in die Nähe der Festung kamen und versuchten, sie zu befreien. Da solche Truppen sowohl vom Elsass als auch von Württemberg her zu erwarten waren, musste Bernhard auf beiden Rheinseiten Truppen bereithalten. Die kaiserlichen Entsatzversuche im Frühjahr scheiterten allesamt, obwohl Bernhard vergleichsweise wenig Truppen zur Verfügung hatte.

Die Garnison in der Festung war zu diesem Zeitpunkt nur knapp 1600 Mann stark. Kommandant war der österreichische Heerführer Hans von Reinach. Im September fingen die Truppen Bernhards einen Brief des Kaisers an von Reinach ab, in dem der Kommandant angewiesen wurde, die Festung »bis auf den letzten Blutstropfen zu erhalten«. Währenddessen rückten die Belagerer immer näher an die Stadt heran, zerstörten die Rheinbrücke und setzten sich auf dem Isenberg nördlich der Stadt fest. Ab dem 12. Dezember verhandelte von Reinach brieflich mit Herzog Bernhard über die Kapitulation. Am 17. Dezember unterzeichneten beide Seiten die Kapitulationsurkunde. Von Reinach und seine Garnison durften mit allen militärischen Ehren, ihrem Gepäck und sogar zwei großen Geschützen abziehen.

Wie erging es nun den Breisachern während der Belagerung? Immer wieder wurde die Festung angegriffen, immer wieder wurden die kaiserlichen Armeen, die Breisach retten sollten, zurückgeschlagen. Nachschub von außen konnte kaum organisiert und in die Festung gebracht werden. Ab Oktober 1638 war Breisach vollkommen von der Außenwelt abgeriegelt, es kam nichts mehr in die Stadt hinein. Bis dahin lagen fast 10.000 Mann unter dem Oberbefehl von Herzog Bernhard vor Breisach. Es dauerte nicht lange, bis die Situation in der Stadt schwierig wurde. Zu dieser Zeit waren die Vorräte in der Festung schon fast aufgebraucht. Von Reinach schrieb, die Hälfte seiner Truppe, seine Obersten und andere Offiziere seien an Unterernährung und Überanstrengung gestorben. Man hatte kaum noch Getreide; Brot wurde aus Kleie und Eichenrinde gebacken. In Breisach brach der Hungertyphus (Fleckfieber) aus.

Herzog Bernhard von Sachsen-Weimar, der als Kriegsherr sicherlich nicht besonders empfindlich war, soll entsetzt über

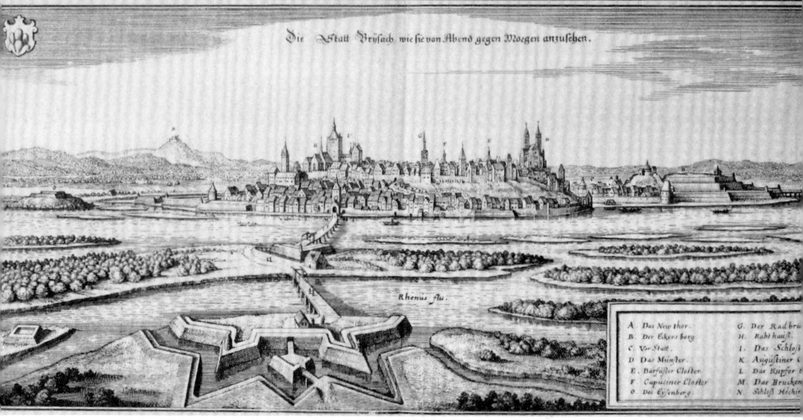

Gesamtansicht der Stadt vom linken Rheinufer aus, von Matthäus Merian. Es zeigt den Zustand im Jahr 1644. Breisach stand seit 1640 unter französischer Verwaltung.

den Zustand der Breisacher Bevölkerung gewesen sein, als er in die Stadt einzog. Die Menschen waren ausgezehrt, viele waren am Hunger und am Fleckfieber sowie anderen Krankheiten zugrunde gegangen. Bernhard ließ Brot und Lebensmittel in die Stadt bringen. Manche Breisacher fielen mit solcher Gier über das Essen her, dass sie schließlich daran starben.

Bernhard machte von Reinach schwere Vorwürfe, denn in der Festung wären noch knapp 70 Pferde gewesen, die man hätte schlachten können. Von Reinach hielt diese Tiere aber für einen möglichen Ausfall aus der Festung für zu wichtig.

Eine Quelle aus dem Jahr 1639 beschreibt, wie fürchterlich die Zustände während der Belagerung waren: Jegliches Getier, auch Hunde und Katzen, sogar Lederhäute wurden gekocht und aufgegessen. Auch die Berichte über Kannibalismus sind verstörend. Ob sie auch wahr sind, wurde unter Historikern lange diskutiert, da bei den Schilderungen in den Quellen häufig zwischen tatsächlichen Ereignissen und propagandistischer Übertreibung kaum zu unterscheiden ist. Heute geht man davon aus, dass es Kannibalismus gegeben hat, wie er auch aus vielen anderen belagerten Städten überliefert wurde. In den Ratsprotokollen dieser Zeit bis Mitte August ist hingegen nichts von Hungersnot oder auch nur Lebensmittelknappheit zu lesen. Die Situation scheint sich erst ab Oktober so dramatisch verschlechtert zu haben.

Bernhard sorgte nun dafür, dass regelmäßige Lieferungen von Getreide in die Stadt kamen, die zu vernünftigen Preisen an die Bevölkerung verkauft wurden. Dadurch ist es vielleicht zu erklären, dass man dem Herzog in Breisach nicht ablehnend gegenüberstand, obwohl er den protestantischen Feind verkörperte! Er begann, seine Herrschaft in Breisach zu etablieren und scheint relativ schnell akzeptiert worden zu sein. Doch nur wenige Monate später starb der Herzog am 18. Juli 1639 bei Neuenburg an einem Fieber. Er wurde, obwohl Protestant, im Breisacher Münster bestattet, 1655 aber nach Weimar überführt, wo er in der Herderkirche seine letzte Ruhestätte gefunden hat.

Nach dem Tod Bernhards gab es zunächst Streitigkeiten um sein Erbe und seine eroberten Besitzungen. Schließlich kam Breisach unter französische Militärverwaltung. Zwischen 1633 und 1681 übernahm das Königreich Frankreich nach und nach auch in den meisten elsässischen Regionen die Landesherrschaft. Nur noch einmal kam es am Oberrhein zu einer großen Schlacht: 1644 kämpfte die bayerische Reichsarmee unter dem Oberbefehlshaber Franz von Mercy (1597–1645) gegen die Franzosen unter dem Befehl von Generalfeldmarschall Henri de Turenne (1611–1675) in der Schlacht von Freiburg. Zu großen Veränderungen im Kriegsgeschehen führte diese Schlacht nicht mehr.

Gedenkmünze der Eroberung Breisachs durch Herzog Bernhard von Sachsen-Weimar im Jahr 1638. Im Hintergrund ist der Münsterberg zu erkennen.

Spielball zwischen Habsburg und Frankreich

Breisach wird französisch

Seit 1640 stand Breisach bereits unter französischer Verwaltung, gehörte aber offiziell nach wie vor zu Vorderösterreich. Mit dem Westfälischen Frieden ging Breisach dann endgültig in den Besitz der französischen Krone über. Die Verhandlungen über den Friedensvertrag zogen sich über drei Jahre hin und liefen auf diplomatischer Ebene schon an, lange bevor sich die Gesandten persönlich im Dezember 1644 zum eigentlichen Friedenskongress in Münster und Osnabrück trafen. Für Breisach stand dabei von der Schleifung der Festung bis hin zur Abtretung an das Königreich Frankreich alles im Raum. Letztendlich konnten die französischen Gesandten erreichen, dass die oberrheinischen Festungen Breisach und Philippsburg, die Städte Verdun, Metz und Toul sowie weite Regionen des Elsass an das Königreich Frankreich abgetreten wurden. Nach zähem Ringen wurde am 24. Oktober 1648 der Friedensvertrag in Münster unterschrieben. Die Paragrafen 75 und 76 befassen sich mit Breisach und dem Elsass. Dort heißt es unter anderem: »Der Kaiser für sich und das gesamte Österreich sowie das Reich verzichten … auf die Stadt Breisach … und übertragen diese auf den König und das Königreich Frankreich.«

Frankreichs Interesse an der Stadt war rein militärisch. Als Handelsstützpunkt war Breisach mittlerweile vollkommen unbedeutend, als Bollwerk am Rhein gegen das Reich und die Habsburger jedoch unglaublich wertvoll. So ging Ludwig XIV. (1638–1715), der Breisach »mon bijou« (mein Juwel) nannte, daran, die Festung Breisach ab ungefähr 1660 nach seinen Vorstellungen umzugestalten und erheblich auszubauen. Über 20 Jahre hinweg wurde an den Festungsanlagen mit Bastionen, Kurtinen, Kasematten und Gräben gebaut. Ein durchdachtes System von Schleusen erlaubte es, die Gräben rings um die

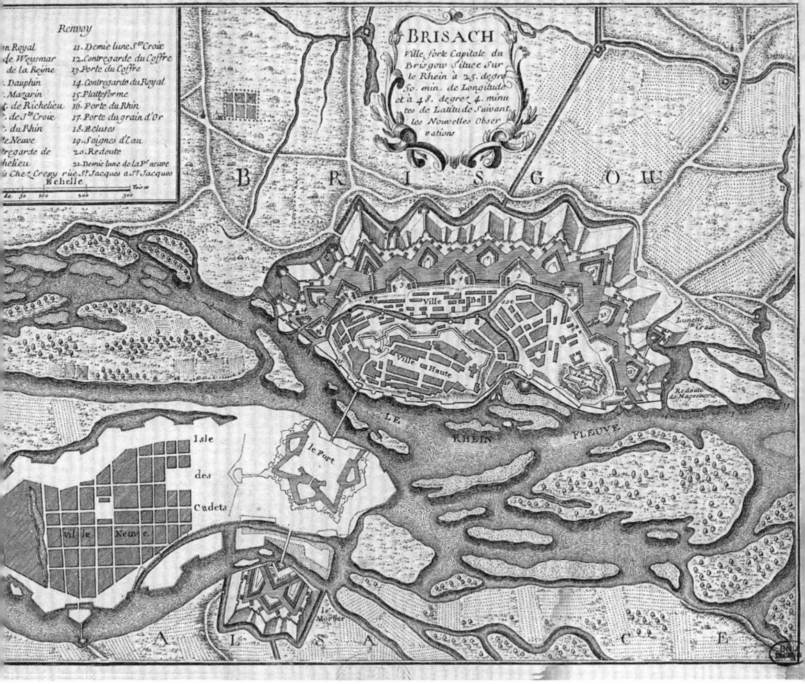

Plan der Festung Breisach im späten 17. Jh. Die unter Ludwig XIV. ausgebauten Festungsanlagen sind gut zu erkennen. Auf der Rheininsel im unteren linken Bildbereich ist die Anlage der Strohstadt zu sehen.

Festung im Bedarfsfall zu fluten. Das mittelalterliche Kupfertor musste den Festungsanlagen weichen und wurde ein Stück nach Osten versetzt. Schließlich zog sich auf der Ostseite des Breisacher Bergs ein Ring von acht Bastionen vom Eckartsberg im Süden bis zur Nordseite der Stadt ans Rheinufer. Auf dieser Seite entfalteten die Franzosen ebenfalls eine rege Bautätigkeit: Auf einer Insel im Rhein auf Höhe des Rheintors wurde eine neue Siedlung sowie eine Kadettenanstalt errichtet. Der deutsche Name »Strohstadt« verdeutlicht, dass es sich hier anfangs um eine Barackensiedlung handelte, die wohl hauptsächlich den Arbeitern auf der Festungsbaustelle als Unterkunft diente. Bis 1681 war daraus eine befestigte Siedlung mit steinernen Gebäuden, einer Kirche, einem Kloster und einem Gerichtsgebäude geworden. Der Name Strohstadt wurde abgelöst durch das deutlich wohlklingendere »Villeneuve St. Louis«. So ent-

Das Rheintor, einst der repräsentative Zugang zur französischen Festung. Nach vielen verschiedenen Nutzungen ist das Rheintor seit 1991 die Heimat des Museums für Stadtgeschichte.

stand vor den Toren der alten Stadt in nur wenigen Jahren ein völlig neuer Stadtteil. Um die Siedlung auf der Rheininsel vor Hochwasser zu schützen, wurden großzügige Deichanlagen angelegt, die gleichzeitig auch als Verteidigungsanlagen ausgebaut wurden. Dies erforderte eine große Menge an Erdmaterial. Dafür trug man kurzerhand den Isenberg ab, der 900 m nördlich von Breisach lag. Schon im Mittelalter war dieser Berg von den Stadtherren als gefährlich eingestuft worden, denn dort konnten sich in großer Nähe zur Stadt Feinde mit ihren Geschützen festsetzen. Diese militärische Gefahr beseitigte man nun und verwendete das gesamte Material zur Befestigung der Neustadt. Diesem Umstand ist es zu verdanken, dass das heutige Wohn- und Gewerbegebiet »Isenberg« ein vollkommen flaches Gelände ist.

Urheber und Planer der französischen Festungswerke war der französische Festungsbaumeister Sébastien le Prestre de Vauban (1633–1707). Wie oft Vauban selbst den Bau überwachte und sich in Breisach aufhielt, ist nicht völlig klar; vermutlich aber inspizierte er den Festungsbau mehrfach von 1664 bis

1666. In den 1670er Jahren kam Jacques de Tarade (1640–1722) als neuer Generalkontrolleur der Festungen im Elsass nach Breisach und leitete den Bau, dem nach wie vor die Pläne Vaubans zugrunde lagen.

Das einzige Bauwerk, das heute noch die französische Epoche in Breisach repräsentiert, ist das Rheintor, das einen mittelalterlichen Vorgängerbau ersetzte. Da es auf der Frankreich zugewandten Seite liegt, wurde hier weniger Wert auf Befestigung, sondern auf Repräsentation gelegt: Das Bildprogramm spiegelt den Stolz König Ludwigs XIV. auf seine militärischen Erfolge und Eroberungen wider. Wappen und militärische Insignia dominieren die Westwand, flankiert von römischen und griechischen Göttern und Helden. Besucher aus Frankreich betraten die Stadt durch dieses Tor.

Abgesehen von den Militäranlagen aber war Breisach nach dem Dreißigjährigen Krieg in einem erbärmlichen Zustand. Belagerung, Hungersnot und Krankheiten hatten die Bevölkerung deutlich dezimiert. Nach den Angaben der französischen Behörden lebten noch gerade einmal 1010 Menschen in der Stadt, die nun Untertanen der französischen Krone wurden. Ludwig XIV. selbst gab die Anweisung, Bevölkerung aus Zentralfrankreich anzuwerben, um Breisach wieder zu »peuplieren«. So vervierfachte sich die Einwohnerzahl tatsächlich bis zum Ende des 17. Jhs. Mit den deutschstämmigen Einwohnern gingen die Behörden entspannt um; man versuchte nicht, sie in kürzester Zeit zu Franzosen umzuerziehen. Der Begriff der »Nationalität« war zur Zeit des Sonnenkönigs noch nicht sehr ausgeprägt – er verlangte nur Loyalität gegenüber seiner Dynastie. In welcher Sprache die Breisacher ihm huldigten, war ihm gleichgültig. Und so dauerte es tatsächlich lange, bis das Französische begann, sich in Breisach durchzusetzen: erst ab 1685, also fast 40 Jahre nach dem Herrschaftswechsel, wurden die Ratsprotokolle auf Französisch verfasst. Die zugezogenen Franzosen begannen, sich mit der angestammten Bevölkerung zu vermischen.

Während sich das zivile Breisach langsam von den Schrecken des Dreißigjährigen Krieges zu erholen begann, veränderten die Franzosen das Gesicht der Stadt im Laufe der Zeit

Karte der Region aus dem späten 17. Jh. Neuf-Brisach ist noch nicht erbaut, aber die Vaubanschen Befestigungsanlagen Freiburgs und Breisachs sind schon zu sehen.

erheblich. Das betraf auch den Friedhof, der sich wohl an der Süd- als auch an der Nordseite des Münsters über große Teile des Münsterplatzes erstreckte. Er wurde 1648 aufgelöst, da die Garnison den Platz für die Wachparade nutzte. Noch heute zeugen niedrige Sandsteinbänke auf der Nordseite des Münsters davon, dass die Breisacher Bürger dort die Paraden sitzend verfolgen konnten.

König Ludwig XIV. stattete der Stadt im Jahr 1681 einen Besuch ab, als er das 1677 eroberte Freiburg und Straßburg inspizierte, das kurz zuvor an die Franzosen übergeben worden war. Die Stellung Frankreichs am Oberrhein war zu diesem Zeitpunkt so mächtig wie nie zuvor. Als die königliche Reisegesellschaft durch das Rheintor in Breisach einzog, waren die französischen Festungsbauten nahezu vollendet, sodass sich dem Sonnenkönig ein beeindruckender Anblick bot. 13 Kasernen gab es in der Stadt, dazu ein Zeughaus, ein Mehlmagazin und ein Backhaus.

Breisach wäre wohl langsam zu einer französischen Stadt geworden, hätte die Zugehörigkeit zu Frankreich länger gedauert. Doch dann verließ den Sonnenkönig das Kriegsglück. Ende des 17. Jhs. befand sich Ludwig XIV. mit halb Europa im Krieg, darunter mit dem Reich unter Kaiser Leopold I. In diesem Krieg, der unter dem Namen Pfälzischer Erbfolgekrieg oder auch als Neunjähriger Krieg in die Geschichte eingegangen ist, hatte Frankreich sich militärisch und finanziell verausgabt, ohne dass Ludwig XIV. auf der anderen Seite bleibende militärische Erfolge vorweisen konnte. 1697 kam es nach langen Verhandlungen zum Frieden von Rijswijk. Frankreich musste erhebliche Gebietsverluste hinnehmen. Zwar blieben Straßburg und das gesamte Elsass Französisch, viele der anderen seit dem Dreißigjährigen Krieg erworbenen Gebiete mussten aber zurückgegeben werden. Dazu zählten auch die Festung Breisach, Freiburg und der gesamte Breisgau, die nun wieder österreichisch wurden.

Für die Rückgabe Breisachs legte man in Artikel 26 des Friedensvertrags ausgiebige Bedingungen fest. Stadt und Festung sollten in dem Zustand, in dem sie sich zu diesem Zeitpunkt befanden, übergeben werden. Dies verhinderte, dass die Franzosen die herrlich ausgebaute Festung selbst zerstörten. Kaiser Leopold I. (1640–1705) konnte sich so über eine voll funktionsfähige Festung freuen, die ihm nun ohne finanziellen Aufwand seinerseits zufiel. Allerdings galt das nur für die Breisacher Besitzungen und Anlagen auf dem rechten Rheinufer. Alles, was auf dem linken Rheinufer lag, blieb Eigentum der französischen Krone. Das betraf hauptsächlich das Fort Mortier, das am westlichsten gelegene Festungswerk. Nach Plänen von Vauban war es 1675 auf den Fundamenten der alten Breisacher Schanze »Sankt Jakob« erbaut worden und diente während der französischen Herrschaft hauptsächlich dem Schutz der Strohstadt und der Rheinbrücke. Diese beiden traf ein hartes Schicksal: sie mussten völlig zerstört werden und durften »auf ewig« nicht wieder aufgebaut werden. Die Strohstadt, dieser völlig neue Stadtteil Breisachs, bestand damit nicht einmal ein halbes Jahrhundert. Die Rheininsel, auf der sie lag, fiel im 19. Jh. der Rheinbegradigung zum Opfer. So

Ansicht der Festungsanlage von Neuf-Brisach, erbaut von Vauban.

erinnert heute nichts mehr daran, dass es hier einmal eine blühende Vorstadt gab. Das Fort Mortier existiert noch. Es liegt heute in einem kleinen französischen Industriegebiet am Rhein, etwas östlich von Biesheim. In mehreren Auseinandersetzungen spielte es noch eine unglückliche Rolle für Breisach, da man die Stadt von dort aus mit Geschützen sehr leicht erreichen konnte.

Der Verlust Breisachs schmerzte Ludwig XIV. tief. Über Jahrzehnte hatte er viel Geld, Planung und Arbeitskräfte in den Ausbau der Festung investiert. Doch jetzt musste er diese hervorragend ausgebaute Anlage den Habsburgern überlassen. Zudem stellte sich ein militärisches Problem: In der Kette seiner Festungen entlang des Rheins klaffte nun eine empfindliche Lücke. Diese beschloss der Sonnenkönig schnell wieder zu schließen. Er ließ Vauban auf dem linken Rheinufer gegenüber von Breisach in wenigen Jahren eine neue Festung bauen: Neuf-Brisach, das neue, französische Breisach. Bis diese Fes-

NEUF-BRISACH – DAS LETZTE MEISTERWERK VAUBANS

Als Ludwig XIV. 1698 seinem Festungsingenieur Vauban den Auftrag erteilte, eine Festung zu entwerfen, die Breisach ersetzen sollte, war dieser bereits 65 Jahre alt. Als er neun Jahre später starb, hatte er im Laufe seines Lebens ungefähr 300 alte Festungen umgebaut und 33 neue angelegt.

Neuf-Brisach sollte Vaubans letztes Meisterwerk werden: Er wählte einen Ort in der Ebene, ungefähr 3.000 m vom Rhein entfernt. Auf der grünen Wiese entwarf Vauban eine mächtige Anlage, der ein regelmäßiges Achteck zu Grunde gelegt wurde. Mit Umwallungen, Kurtinen, gedeckten Wegen, acht bastionierten Türmen und 16 Flankenkasematten bot Neuf-Brisach alle Finessen der Festungsbaukunst, die Vauban im Laufe seiner Karriere so eindrucksvoll perfektioniert hatte. Um die Steine für die Festung aus den Vogesen heranzuschaffen, ließ er einen eigenen Kanal anlegen, den Canal Vauban. Auch wenn Vauban das Projekt plante, wurden die Arbeiten

hauptsächlich von Jaques de Tarade ausgeführt. Vauban selbst besuchte die Festung nur zweimal. Im Inneren der Anlage gab es mehrere Kasernen, in denen bis zu 2.500 Soldaten untergebracht werden konnten, sowie Verwaltungs- und Wirtschaftsgebäude und ein kleines Lazarett. Die Festungsstadt zeichnete sich durch schnurgerade Straßen und geometrische Häuserblocks aus, die sich um den großen Paradeplatz im Zentrum gruppierten.
Mitte des 18. Jh. konnte die Festung erfolgreich einer österreichischen Belagerung widerstehen. Danach spielte sie bis zum Deutsch-Französischen Krieg 1870/71 keine militärische Rolle mehr, doch im November 1870 wurde sie von deutschen Truppen einige Tage belagert und schließlich eingenommen. Auch der Erste und Zweite Weltkrieg brachten Schäden. Trotzdem zählt Neuf-Brisach zu den am besten erhaltenen Vaubanschen Festungsanlagen und gehört seit 2008 zum UNESCO-Weltkulturerbe »Festungsanlagen von Vauban«. Heute ist die alte Festung eine charmante Kleinstadt mit knapp 2.000 Einwohnern. Mit dem alten Gegenspieler Breisach verbindet Neuf-Brisach seit einigen Jahrzehnten eine Städtepartnerschaft.

tung fast fertiggestellt war, zögerte Frankreich die Übergabe Breisachs so lange wie möglich hinaus. Erst drei Jahre nach dem Frieden von Rijswijk, am 1. April 1700, wurde die Stadt wieder ein Teil Vorderösterreichs.

Erneute Belagerung

Auch wenn Breisach im April 1700 unter die Fittiche des Reichsadlers zurückkehrte, bedeutete das nicht, dass die französische Krone das Interesse an ihrer einstigen Festung verloren hatte. Nach nur wenigen Jahren des Friedens befanden sich Habsburger und Bourbonen ab dem Frühjahr 1701 erneut im Kriegszustand, als der Spanische Erbfolgekrieg ausbrach. Am Oberrhein, wo ihre Territorien aneinandergrenzten, kam es bald zu neuen Spannungen. 1703 beschloss Ludwig XIV., Breisach zurückzuerobern.

Grundriss der Festung Neuf-Brisach nach den Plänen von Vauban.

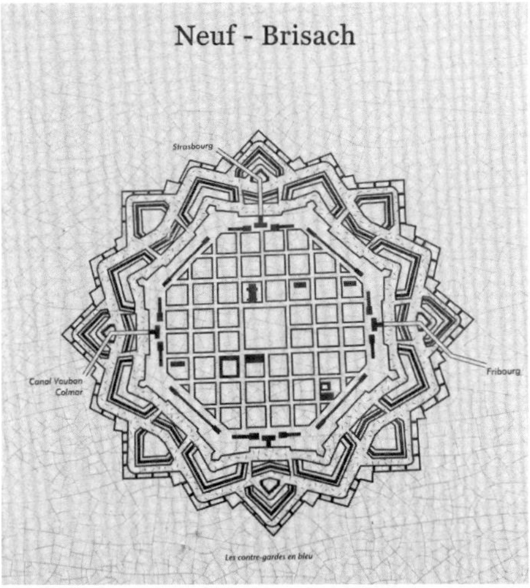

Die brandneue Festung Neuf-Brisach diente als Basislager für die geplante Eroberung Breisachs. Ludwig XIV. beauftragte seinen Enkel Louis, den 21-jährigen Herzog von Burgund (1682–1712), mit der Leitung der Militäraktion, zusammen mit Marschall Tallard (1652–1728), einem erfahrenen Heerführer. Tallard war es auch, der dem Sonnenkönig den Vorschlag machte, Breisach zu belagern. Vauban und Jacques de Tarade standen ihm dabei aufgrund ihrer Kenntnis des Terrains und der Festungsanlagen beratend zur Seite. Es war Vaubans letzter militärischer Auftrag.

Breisach galt nach wie vor als wichtigste Festung am Oberrhein. Daher hatte man schon seit Ausbruch des Krieges die Besatzung erheblich aufgestockt und mehr Truppen in die Festung gelegt. Um die Artillerie zu verstärken, wurden Geschütze aus anderen österreichischen Festungen herangeschafft und Munition besorgt. Die Kosten trug die vorderösterreichische Regierung, der es aber an ausreichenden finanziellen Mitteln fehlte, und auch die Regierung in Wien konnte nur wenig beisteuern. Doch der Geldmangel verlangsamte die Aufrüstung der Festung. Anfang 1702 übernahm Graf Johann Philipp von Arco (1652–1704) als neuer Gouverneur die Leitung der Festung. Bei seinem Amtsantritt waren in der Festung 3.500 Mann stationiert. Graf Arco war mit den Verhältnissen in der Festung unzufrieden und beschwerte sich bitter in Wien, dass sie nur unzureichend ausgerüstet war: In ganz Vorderösterreich gab es kaum Proviantmagazine. Das bedeutete, dass die Garnison vom Umland versorgt werden musste, was wiederum die ländliche Bevölkerung vor große Probleme stellte. Als die Anzahl der Truppen in Breisach erhöht wurde, kam es in der Folge zu Preisanstiegen für Lebensmittel, da die Nachfrage durch die Festungsbesatzung größer war als das Angebot. In militärischer Hinsicht kam noch ein weiteres Problem hinzu: Unter den Franzosen hatte man die Festungswerke nach Osten verstärkt, nach Westen aber nicht, da diese ja in Richtung Frankreich lagen. Nun aber wurde die Verstärkung der Anlagen nach Westen angesichts eines möglichen Angriffs aus Richtung Frankreich ein drängendes Problem. Pläne für einen solchen Ausbau gab es zwar schon kurz nach der Übergabe der Festung im Jahr 1700. Davon war aber bislang aus Geldmangel kaum etwas umgesetzt worden. Breisach war für einen Angriff also nicht gut vorbereitet. Graf Arco, der bereits auf eine lange Militärkarriere zurückblicken konnte, blieb seltsam untätig – von seinen häufigen Beschwerden in Wien einmal abgesehen.

Anfang August 1703 zogen die französischen Truppen am linken Rheinufer auf. Nachdem die Rheinbrücke nach den Vorgaben des Friedens von Rijswijk 1698 abgebrochen worden war, gab es keinen festen Rheinübergang mehr. Daher errichteten die Franzosen zwei Behelfsbrücken oberhalb und unterhalb der Stadt. Außerdem legten sie vor der Stadt in großem Stil Belagerungsanlagen wie Laufgräben an. Dabei versorgten sich die Truppen mit allem, was sie benötigten, hauptsächlich in den Dörfern des Kaiserstuhls – ohne Bezahlung! Die Schanzarbeiten verschlangen Unmengen an Holz. Das Belagerungsheer zählte knapp 24.000 Personen. Der Bedarf an Lebensmitteln, um so viele Menschen zu ernähren, war enorm. So litt die Bevölkerung der Umgebung sehr unter der französischen Armee. Von den Dörfern Achkarren, Ihringen und Wasenweiler hieß es, sie seien beinahe völlig abgebrochen worden, allein um den Holzbedarf der Franzosen zu decken.

Plan der Belagerung Breisachs im Jahr 1703. Auf dem linken Rheinufer gegenüber der »Isle des Cadets« ist das Lager von Vauban und seinen Ingenieuren eingezeichnet.

Die Garnison in Breisach versuchte, die Schanzarbeiten der feindlichen Truppen zu stören: Immer wieder beschoss die Artillerie die Belagerungsanlagen und das Fort Mortier vom Eckartsberg aus, doch die Franzosen waren organisatorisch und militärisch offensichtlich überlegen. Nächtliche Ausfälle sollten die Belagerer zurückdrängen, was zwar kleine Erfolge brachte, langfristig aber nichts ausrichtete. Abgesehen davon verhielt sich die eingekreiste Festung seltsam ruhig, weshalb die französische Heerführung bald vermutete, dass sie nicht ausreichend bemannt und bewaffnet sei. Diese Vermutung war nicht ganz unrichtig: den 120 Kanonen der Belagerer hatte Breisach nur 41 Kanonen entgegenzusetzen. Mit 3.500 Soldaten war die Festung zwar gut, aber nicht bis zur Kapazitätsgrenze besetzt. Ab dem 1. September beschoss die französische Artillerie unaufhaltsam die Festung, und die Truppen bemächtigten sich der äußeren Festungsanlagen im Süden der Stadt. Nach drei

Wochen Belagerung schickte Graf Arco überraschend ein Kapitulationsangebot ins französische Heerlager, das am 6. September 1703 akzeptiert wurde.

Von Vauban ist überliefert, dass er sich wunderte, wie schnell Breisach kapitulierte. Die Stadt hatte kaum Schäden davongetragen, allerdings war die Südseite des Münsters von einer Kanonenkugel getroffen worden. Die Besatzung hatte nur 130 Verwundete zu beklagen; 70 Soldaten waren getötet worden oder desertiert. Tatsächlich stellte sich im Nachhinein heraus, dass die Festung sehr wohl ausreichend mit Waffen, Munition und Proviant bestückt war. Eine Kapitulation wäre also nicht der einzige Ausweg gewesen. Doch Graf Arco war schlicht und einfach mit der Lage überfordert. Während die Breisacher Zivilbevölkerung sich in ihr Schicksal fügte, dass sie wieder unter französische Herrschaft geriet, endete die Sache für Graf Arco unrühmlich. Ein Militärgericht verurteilte ihn in Bregenz im Februar 1704 zum Tode, da er der Anweisung, Breisach bis zum letzten Atemzug zu verteidigen, zuwidergehandelt hatte. Er wurde am 18. Februar 1704 in Bregenz enthauptet.

Breisach war nun also wieder französisch. Die französischen Truppen nutzten die Festung in den folgenden Jahren häufig als Stützpunkt für Militäraktionen im Breisgau und auf den Höhen des Schwarzwalds. Für den restlichen Verlauf des spanischen Erbfolgekriegs wurde es ruhig um die Festung. Nur bei der Eroberung Freiburgs durch die französischen Truppen im Herbst 1713 spielte Breisach als Stützpunkt noch einmal eine wichtigere Rolle. Der Friede von Utrecht beendete 1713 den Krieg Frankreichs mit England, Holland, Portugal, Preußen und Savoyen. Frankreich und der Kaiser schlossen erst ein Jahr später Frieden. Der Friedensvertrag von Rastatt sah die Rückgabe der Festung Breisach an Österreich vor. Die zweite französische Epoche Breisachs ging damit zu Ende.

Im Jahr 1715 wurde die Festung an Österreich zurückgegeben. Der neue österreichische Kommandant Baron d'Arnant (1653–1729) bekam den Auftrag, die Festung zu verstärken und endlich den notwendigen Ausbau nach Westen in Angriff zu nehmen. Vor allem der Eckartsberg stand im Zentrum der geplanten Maßnahmen: er wurde mit Erdwerken und neuen

»TROJA IN BREISACH«

Nach der als schmachvoll empfundenen Übergabe Breisachs an die Franzosen fasste der Festungskommandant von Freiburg, Oberst Thanner, einen listigen Plan, um Breisach aus der französischen Besatzung zu befreien. Man fühlt sich ein wenig erinnert an die Idee des Odysseus im Trojanischen Krieg. Statt jedoch im Bauch eines hölzernen Pferds verborgen, wollte Thanner bewaffnete Soldaten in Heuwagen nach Breisach in die Festung schmuggeln, um dann die Stadt von innen her zurückerobern zu lassen. Die französische Garnison in Breisach bezog ihre Vorräte, zu denen auch große Mengen Stroh und Heu für die Pferde gehörten, aus dem Umland. Es war bekannt geworden, dass die Kontrollen der Lieferanten an den Toren eher lax gehandhabt wurden. Insgesamt 2.000 Soldaten wollte Thanner in vielen Heuwagen versteckt in die Stadt bringen. Die Offiziere sollten die Wagen als Fuhrleute verkleidet führen.

Am Morgen des 9. November 1703 traf der Zug in Breisach ein, und anfangs schien der riskante Plan auch aufzugehen: die Wachsoldaten hielten die Fuhrwerke für eine erwartete Futterlieferung. Drei Wagen passierten die Festungstore unbeanstandet. Dann aber wollte der französische Festungskommissär die Offiziere, die er für Bauern hielt, spontan zu Schanzarbeiten zwingen. Die Soldaten in den noch vor der Stadt wartenden Heuwagen hielten den Lärm der nun entstehenden Auseinandersetzung für das Signal zum Angriff und sprangen aus dem Heu, aber eben noch vor der Stadt und damit viel zu früh! Es kam, wie es kommen musste. Die französischen Wachsoldaten schlossen rasch und geistesgegenwärtig die Tore – die listige Rückeroberung Breisachs war damit kläglich gescheitert. Die Soldaten in den drei Wagen, die sich schon in der Stadt befanden, wurden niedergemacht oder gefangengenommen. Für den Urheber der List, Oberst Thanner, endete die Episode tragisch: Er wurde wegen der misslungenen Episode inhaftiert und schoss sich im Gefängnis eine Kugel durch den Kopf. Woher er die dafür nötige Waffe hatte, ist nicht überliefert …

Geschützstellungen ausgerüstet. Zudem war geplant, Verbindungsgänge zwischen den einzelnen Kasematten in den Berg zu sprengen. Wie viel von den Anlageplänen letztendlich umgesetzt wurde, ist nicht klar, denn der Geldmangel brachte diese Pläne immer wieder zum Stillstand. In den 1730er Jahren lagen in Breisach aus Sorge vor französischen Übergriffen infolge des Polnischen Erbfolgekriegs zwischenzeitlich 8.000 Mann und 84 Geschütze in der Garnison; die Festung hatte also nach wie vor große militärische Bedeutung.

Die Zivilbevölkerung der Stadt hatte in dieser Zeit mit großen Problemen zu kämpfen. Während der zehnjährigen französischen Besatzung waren die Handelsbeziehungen mit dem vorderösterreichischen Umland gekappt worden und ließen sich nur schwer wieder aufnehmen. Durch die Abtretung des Elsass an Frankreich und die Abtragung der Rheinbrücke im 17. Jh. hatte Breisach schon sein Handelsgebiet auf der linken Rheinseite verloren. Die Finanzlage der Stadt war äußerst schwierig, der Rat der Stadt war hoch verschuldet. Nach wie vor besaß die Stadt zwar einträgliche Waldgebiete auf der anderen Rheinseite, deren Nutzung war mittlerweile aber kaum noch möglich, da sich die französischen Behörden häufig querstellten und zum Beispiel notwendige Durchfahrtsgenehmigungen verweigerten. Die wirtschaftlichen Probleme sollten sich bald noch erheblich verschärfen.

Das Ende der Festung

Nachdem Kaiser Karl VI. 1740 in Wien verstorben war, folgte ihm seine älteste Tochter Maria Theresia nach. Auch wenn ihr Vater versucht hatte, die Anerkennung seiner Tochter als zukünftige Herrscherin über die habsburgischen Erblande durch den Erlass der »Pragmatischen Sanktion« zu sichern, brach Ende 1740 der Österreichische Erbfolgekrieg aus. Wieder geriet der Oberrhein als möglicher Kriegsschauplatz in den Fokus. Eine erneute Verwüstung des Elsass und des Breisgaus sowie eine weitere Belagerung der Festung Breisach erschien mehr als wahrscheinlich. Anstatt aber nun wie alle ihre Vorgänger die Festung zu verstärken und mit einer größeren Besatzung zu versehen, vollzog Maria Theresia einen völligen Strategiewechsel, der Breisach für immer verändern sollte: Sie entschloss sich, die Festung Breisach vollkommen schleifen zu lassen. Wenn die Franzosen Breisach erobern sollten, sollte ihnen kein wichtiger militärischer Stützpunkt, sondern eine unbedeutende kleine Landstadt in die Hände fallen.

Die Umsetzung dieses radikalen Plans erfolgte relativ rasch: Anfang Juli 1741 erhielt der Festungskommandant den Befehl, die Festung zu räumen und zu sprengen. Zunächst wurden alle noch vorhandenen Geschütze, Waffen und Munition nach Freiburg und Rheinfelden abtransportiert: 104 Kanonen, 36 Mörser (Granatwerfer), 11.000 Zentner Pulver und unzählige Gewehre wurden in 400 Wagen aus der Festung geschafft. Mitte Juli wurden Minen in den Befestigungsanlagen verlegt, um sie zu sprengen.

Die Breisacher waren von den Entwicklungen gar nicht begeistert. Man befürchtete, dass durch die gewaltigen Sprengladungen Schäden an den Gebäuden der Stadt entstehen würden. Außerdem wollte man die Festung gar nicht loswerden. Der Rat der Stadt schickte noch am 24. Juli 1741 eine Eingabe an Maria Theresia nach Wien, in der man demütigst darum bat, die Festung zu belassen. Es wurde darauf verwiesen, wie viele Opfer die Breisacher Bevölkerung für die Festung auf sich genommen hatte (man denke an die Belagerung von 1638) und dass die Stadt den Wegfall der Festung wirtschaftlich nicht verkraften würde. Das Handwerk sowie der Handel in der Stadt waren vollkommen auf die Festungsverhältnisse ausgerichtet, die Garnison als Kundschaft unverzichtbar. Man befürchtete, dass die Zivilbevölkerung zu einem großen Teil wegziehen würde. Die Eingabe hatte keinen Erfolg. Für Maria Theresia war die politische Großwetterlage wichtiger als die Nöte der Breisacher.

Ab Mitte August wurden die Minen gesprengt. Es dauerte mehrere Tage, bis alle Festungswerke zerstört waren. Über der Stadt lagen dicker Staub und Pulverdampf. Auch die befürchteten Schäden an Zivilgebäuden stellten sich ein: Bei der Klosterkirche der Franziskaner waren sie erheblich, um nur ein Beispiel zu nennen.

Was für eine Tragödie für Breisach: Kaiser Maximilian I. hatte um 1500 damit begonnen, Breisach von einer einfachen kleinen Handelsstadt in eine Festung umzuwandeln. Seine Nachfolger sowie die Franzosen bauten sie über fast 250 Jahre zur stärksten Festung am Oberrhein aus. Das zivile Breisach lebte von der Festung. Diese Entwicklung wurde nun in nur sechs Wochen rückgängig gemacht. Der Rückbau der Festungswerke dauerte aber noch Jahrzehnte, bis die letzten Spuren beseitigt waren.

Die Breisacher versuchten, das Beste daraus zu machen. Den Grund und Boden, auf denen die Festungsanlagen um die Stadt herumstanden, wollte man nun gerne nutzen. Maria Theresia überließ ihnen das Terrain für eine jährliche Pacht von 512 Gulden. Außerdem übergab sie der Stadt die Militärgebäude im Stadtgebiet – Kasernen, Magazine und das Zeughaus. Sie empfahl, diese Gebäude zur Ansiedlung von Fabriken und Manufakturen zu nutzen. Trotz aller Anstrengungen gelang es der Stadt aber nicht, den Wegfall der Einkünfte aus der Festung wirtschaftlich aufzufangen.

Da Breisach nun keine Festung mehr war, wurde die Stadt 1744 von der französischen Armee ohne jegliche Gegenwehr erobert. Von hier aus zogen die Truppen nach Freiburg, das sich nach mehrwöchiger Belagerung und Beschießung, bei der zeitweilig auch der französische König Ludwig XV. anwesend war, ergab. Die Besatzung Breisachs dauerte nur eineinhalb Jahre; 1745 zogen die französischen Truppen ab, nachdem auch sie noch einige verbliebene Festungsreste gesprengt hatten. Es stimmt jedoch nicht, dass sie das Schloss gesprengt hätten, wie in der älteren Literatur häufig geschrieben wurde. Erst 1782 wurde der mächtige Turm Berthold V. abgetragen.

1793 – fast das Ende der Stadt

Breisach hatte sich in den letzten Jahrzehnten des 18. Jhs. nicht von den sozialen und wirtschaftlichen Einbußen nach der Sprengung der Festungsanlagen erholen können. Zwar hatte man einige Versuche gemacht, in Breisach frühe Industriebetriebe wie eine Tabakfabrik und eine Florettseidenspinnerei einzurichten, um die ökonomische Lage der Stadt zu verbessern, was aber nicht gelang. Allerdings schien die politische Entwicklung in der zweiten Hälfte des 18. Jhs. der Entscheidung Maria Theresias, die Festung zu entfernen, Recht zu geben: Mit der österreichisch-französischen Allianz von 1756 verschwand das ehemalige ständige Spannungsfeld zwischen Habsburgern und Bourbonen am Oberrhein. Die Region erlebte bis zum Beginn der Französischen Revolution eine ungewöhnlich lange Phase des Friedens.

Doch der Gesamtzustand der Stadt war besorgniserregend: Viele Häuser waren baufällig, der Rat der Stadt mit Schulden und deren Tilgung überfordert, und unter den Bewohnern gab es viele, die in die Armut abgesunken waren. Handel und Gewerbe, die sich im Laufe der letzten beiden Jahrhunderte stark auf die Bedürfnisse des Lebens in einer Festung fokussiert hatten, waren in große wirtschaftliche Schwierigkeiten geraten.

In manchen Bereichen erlebte Breisach auch eine kleine, wenn auch kurzlebige Blütezeit. Die drei Männerklöster, von denen die Franziskaner und die Augustiner im 16. Jh. bereits um ihre Überlebensfähigkeit gebangt hatten, zeigten nun keine Anzeichen von Existenznot mehr. Die Franziskaner unterhielten schon seit dem frühen 18. Jh. ein Gymnasium, in der die Bürgersöhne der Stadt unterrichtet wurden, sowie ein kleines Theater. Im Jahr 1731 bereits hatten vier Augustiner-Chorfrauen aus dem Elsass auf Bitten der Stadt hin eine Schule für Mädchen in der heutigen Schulgasse eröffnet. Diese Mädchenschule erhielt im Jahr 1777 Unterstützung von Maria Theresia und wurde zum Internat ausgebaut, das außer den Internatsschülerinnen auch die weibliche Jugend der Stadt unterrichtete. Breisach war also mit Bildungseinrichtungen gut ausgestattet.

Breisach am Ende des 18. Jhs. zeigt insgesamt das Bild einer zwar verarmenden und bedeutungslos gewordenen, aber dennoch nicht hoffnungslosen Stadt. Dann erreichten die Auswirkungen der französischen Revolution den Oberrhein. In den Ratsprotokollen der Stadt werden die Ereignisse des Jahres 1790 noch als »Unruhen« und als »französische Revolte« bezeichnet. Dies zeigt, dass man die Dimension und die umstürzlerische Gewalt der französischen Revolution nicht einzuschätzen vermochte. Wenig deutete darauf hin, dass Breisach in irgendeiner Weise von den Geschehnissen in Frankreich berührt werden würde, war die Stadt doch keine Festung mehr, sondern eine unbedeutende Kleinstadt am Rhein geworden.

Ab 1791 nahmen in Frankreich die Spannungen zwischen den verschiedenen Gesellschaftsschichten sowie den unterschiedlichen politischen Strömungen immer mehr zu und führten schließlich zu einem bald unlösbar erscheinenden Konflikt mit dem König. Angesichts dieser Entwicklungen befürchteten die europäischen Herrscher, dass die Französische Revolution in ihre Länder getragen werden und ihren Königshäusern schaden könnte: Im Frühjahr 1792 verbündeten sich Preußen und Österreich gegen Frankreich. Am 20. April 1792 erklärte Frankreich diesem Bündnis den Krieg.

Einmal mehr rückte der Oberrhein in den Fokus des Krieges. Die Befehlshaber der beiden maßgeblichen französischen Armeen, der Moselarmee und der Rheinarmee, kamen überein, ab September 1793 gemeinsam die gesamte Front entlang des Oberrheins anzugreifen. An mehreren Stellen, so bei Rheinweiler und Hüningen, sollte der Rhein überschritten werden. Gleichzeitig wurde ein Angriff auf Breisach von Neuf-Brisach und dem gegenüber am Rhein gelegenen Fort Mortier unterhalb von Biesheim aus geplant. Die als Scheinangriff gedachte Attacke sollte die Aufmerksamkeit der Koalitionstruppen, die mit fast 100.000 Mann zwischen Rheinfelden und Speyer am Rhein standen, von den geplanten Rheinüberschreitungen der französischen Truppen ablenken.

In Breisach blieben die Vorbereitungen und Truppenbewegungen auf der anderen Rheinseite nicht unbemerkt. Die Bewohner waren sogar von einem französischen Deserteur, der am 12. September 1793 über den Rhein nach Breisach geschwommen war, explizit gewarnt worden, dass eine Beschießung der Stadt kurz bevorstand. In der Stadt machte sich daraufhin aber eher Ungläubigkeit breit; der Gedanke, dass Breisach, diese mittlerweile strategisch unwichtige Stadt, zerstört werden sollte, erschien der Bevölkerung als doch eher

Sandsteinportal des Zunfthauses »Zur roten Kuppe«, das die Zerstörung von 1793 überstand. Heute ist es in einen modernen Bau integriert.

unwahrscheinlich. Daher traf der Angriff die Bewohner der Stadt nahezu unvorbereitet. Zu diesem Zeitpunkt befanden sich einige Abteilungen verschiedener österreichischer und preußischer Regimenter sowie drei Batterien leichter Artillerie in Breisach, sodass die Stadt militärisch nur ungenügend für die Verteidigung oder einen Gegenangriff gerüstet war.

Am frühen Abend des 15. Septembers 1793 eröffneten die Franzosen von Fort Mortier aus das Feuer auf Breisach. Die in Breisach stationierte Artillerie beantwortete zwar das Feuer, wurde aber vom Geschosshagel der Franzosen bald unbrauchbar gemacht und musste selbst das Feuer einstellen. Anfangs zielten die französischen Geschütze mehrfach zu hoch, sodass sie den Breisacher Berg überschossen und viele auf der Ostseite des Bergs gelegene Gebäude zuerst in Brand setzten. In der Oberstadt traf es als erstes das Franziskanerkloster und kurz darauf den Radbrunnenturm. In rascher Folge wurden die Häuser entlang der Münsterbergstraße und der Radbrunnenallee getroffen und brannten eines nach dem anderen ab.

Innerhalb weniger Stunden stand die gesamte Stadt in Flammen, was man sogar noch von den Ortschaften am Fuße der Vogesen im Elsass sehen konnte. Die meisten Breisacher verließen hastig die Stadt und fanden zunächst in den umliegenden Ortschaften Zuflucht. Vier Tage und fünf Nächte lang dauerte die Beschießung der Stadt. Die Granaten und die von ihnen entfachten Feuer legten Breisach nahezu vollkommen in Schutt und Asche. Wie viele Menschen in der Feuersbrunst umgekommen sind, ist nicht genau zu ermitteln. Zeitgenossen hörten verzweifelte Schreie aus Kellern entlang der Straßen der Oberstadt. Viele Bewohner hatten sich vor den Granaten in die Keller geflüchtet, doch die ungeheure Kraft der Flammen ließ die Häuser über ihnen einstürzen, sodass sie nicht mehr flüchten konnten. Trotzdem ist aber anzunehmen, dass die meisten Bürger zumindest ihr Leben, wenn auch nicht ihr Hab und Gut retten konnten.

In den Tagen nach dem Ende der Beschießung kehrten die meisten Einwohner langsam in die zerstörte Stadt zurück, aber es sollte lange dauern, bis wieder städtisches Leben stattfand, auch wenn durch Spenden aus der Bevölkerung des Reiches sowie des kaiserlichen Hofes einiges an Geldmitteln für die verarmten Bewohner bereitgestellt werden konnte. Die Stadtverwaltung wurde nach Niederrimsingen verlegt und kehrte erst viele Monate später nach Breisach zurück.

Der Schaden an den Gebäuden der Stadt ist gut dokumentiert. Vom ursprünglichen Baubestand blieb kaum etwas stehen. Ausnahmen sind das Münster, das Pforresche Haus sowie drei Stadttore, dazu noch die Sandsteinportale des Rathauses von 1536 und des Zunfthauses »zur roten Kuppe«. Beide Portale sind heute in moderne Bauten integriert. Das Stadtzentrum verlagerte sich in der Folgezeit mehr und mehr in die Unterstadt, während der Breisacher Berg noch im frühen 20. Jh. nur spärlich bebaut war. Das Trauma der Beschießung hatte sich tief ins Bewusstsein der Bevölkerung gegraben – man empfand die Lage auf dem Berg als zu exponiert. Die Bürger bauten sich jetzt lieber Häuser am Fuß des Berges in der Unterstadt. Dass man heute in der Oberstadt überwiegend ein modernes Wohnviertel vorfindet, geht direkt auf das Auslöschen der Oberstadt 1793 zurück. Von einer wenigstens rudimentären städtischen Infrastruktur, wie regelmäßigem Schulunterricht und medizinischer Versorgung, kann man im Übrigen erst wieder Ende des Jahres 1794 sprechen.

Von der Katastrophe des Jahres 1793 erholte sich Breisach nicht mehr. Auch wenn in den ersten Jahrzehnten des 19. Jhs. gewaltige Anstrengungen unternommen wurden, die Stadt wieder aufzubauen, war das historische Zentrum der Oberstadt unwiederbringlich verloren. Dazu kamen die enormen politischen Umwälzungen der napoleonischen Kriege. Bis zum Ende der Herrschaft Napoleons sollte Breisach nicht zur Ruhe kommen.

Die Stadt befand sich somit in einer mehr als schwierigen Lage. Die anhaltenden Kriege der napoleonischen Ära führten zu einer allgemeinen Verteuerung der Lebensmittel. Es fehlte an Arbeitskräften, da viele Männer in die österreichische Armee eingezogen wurden, was neben dem Mangel an finanziellen Mitteln ein weiterer Grund war, warum der Wiederaufbau der Stadt nur sehr schleppend vorankam. 1796 wurde Breisach erneut kurzzeitig von den Franzosen besetzt, doch

Grabstein des Stadtpfarrers Pantaleon Rosmann auf dem alten Friedhof in Breisach. Rosmann investierte den Großteil seines eigenen Vermögens in den Wiederaufbau des Breisacher Spitals nach der Zerstörung von 1793. Bis heute wird sein Grab von den Breisachern liebevoll gepflegt.

PANTALEON ROSMANN

Ein Breisacher, dessen Leben besonders mit der Zerstörung und dem Wiederaufbau Breisachs verwoben ist, ist der Stadtpfarrer Pantaleon Rosmann (1776–1853). Er wurde im nahen Oberrotweil im Kaiserstuhl geboren, als sechstes Kind seiner Eltern. Im Alter von acht Jahren wurde der aufgeweckte Junge in die Schule des Breisacher Franziskanerklosters aufgenommen und wohnte bei der Familie des Stadtsyndikus Schuech, wo er die Zerstörung Breisachs 1793 miterlebte. Mit der Familie Schuech zog er nach Freiburg, beendete dort das Gymnasium und studierte an der Universität Freiburg Theologie. In Meersburg zum Priester geweiht, trat er 1806 in Breisach in den geistlichen Dienst und stieg im Laufe der Zeit zum Stadtpfarrer auf. Rosmann widmete sich von Anfang an mit voller Kraft und viel Herz der Seelsorge in der Stadt, die sich nur langsam wieder aus den Ruinen erhob.

Den Breisachern ist er als großer Wohltäter in Erinnerung geblieben: Als einziges überlebendes Kind seiner Eltern erbte er nach deren Tod ein beachtliches Vermögen. Vieles davon ließ er den Armen, Waisen und Kranken des Breisacher Spitals zukommen; und er baute das 1793 zerstörte Spital fast hauptsächlich aus eigenen Mitteln wieder auf. Auch die Beseitigung der Schäden am Münster sowie an der Josefskirche finanzierte Rosmann zu einem großen Teil aus seinem eigenen Vermögen.

Trotzdem fand er neben all seinen Tätigkeiten noch die Zeit, sich intensiv mit der Breisacher Stadtgeschichte zu befassen: 1851 gab er zusammen mit seinem langjährigen Freund Faustin Ens die »Geschichte der Stadt Breisach« heraus. Als er 1853 starb, hatte er 47 Jahre seines Lebens in Breisach als Seelsorger gewirkt. Sein beträchtliches Privatvermögen vermachte er dem Spital. Sein Grab an der Josephskirche wird bis heute liebevoll gepflegt. Auch das nach dem Zweiten Weltkrieg gebaute Breisacher Krankenhaus ist nach ihm benannt: die Rosmann-Klinik.

nach wenigen Wochen kam es zu einem heftigen Gefecht, bei dem die Franzosen über den Rhein zurückgedrängt wurden und Breisach zurückerobert wurde. Für Breisach war der Krieg damit vorbei, 1797 endete der Krieg mit dem Frieden von

Campo Formio. Endlich konnte nun der Silberschrein mit den Reliquien der beiden Stadtpatrone, der während der Beschießung der Stadt 1793 in fieberhafter Eile nach Waldkirch evakuiert worden war, in die Stadt zurückgebracht werden.

Doch die Verschnaufpause war kurz: Als Frankreich Österreich im Jahr 1799 erneut den Krieg erklärte, wurde Breisach wieder kurzzeitig von den Franzosen besetzt, auch im Umland fanden immer wieder Gefechte statt. Hochstetten wurde fast völlig von den Franzosen zerstört, genauso erging es einigen Dörfern im Kaiserstuhl. Letztendlich blieb es in der Region bis 1806 unruhig, immer wieder kam es zu Kriegshandlungen und kleinen Gefechten, wenn auch nicht zu großen Schlachten.

Das Herzogtum Breisgau-Modena

Auch zehn Jahre nach der großen Zerstörung war Breisach noch eine Ruinenstadt mit verarmten Bewohnern, die um ihr Überleben kämpften. Im Umland sah es nicht besser aus. Das Land sollte den Krieg ernähren, und so mussten die Bauern der benachbarten Dörfer große Teile ihrer Ernte sowie Tiere, Stroh und Heu an die durchmarschierenden oder besetzenden Heere abgeben. Nicht immer wurden sie dafür entschädigt, und es war häufig vollkommen gleich, ob es französische oder österreichische Soldaten waren, die den Menschen ihre Lebensgrundlage nahmen. Darüber hinaus wurde die Bevölkerung zu Schanzarbeiten, also dem Anlegen von Verteidigungsgräben und dergleichen, herangezogen.

Während Breisach und die Region Kaiserstuhl versuchten, mit den Folgen von Krieg und Zerstörung zurechtzukommen, bescherte die große Politik dem Breisgau kurzfristig einen neuen Landesherrn. Der Herzog von Modena, Ercole III. d'Este (1727–1803), war im Verlauf des Ersten Koalitionskrieges abgesetzt worden, seine dortigen Besitzungen gingen letztendlich in der Cisalpinischen Republik, einem der Vorläuferstaaten des heutigen Italiens, auf. Als Entschädigung wurde ihm 1797 im Frieden von Campo Formio der Breisgau zugesprochen, was einen herben Gebietsverlust für die Habsburger bedeutet hätte.

Der Herzog war allerdings wenig beeindruckt und trat die Herrschaft zunächst nicht einmal an; die Region blieb unter vorderösterreichischer Verwaltung. Der Frieden von Lunéville, der den Zweiten Koalitionskrieg beendete, bestätigte 1801 die Beschlüsse von Campo Formio. Ercole III. handelte noch die Übergabe der Ortenau aus und übernahm dann im März 1803 offiziell die Herrschaft über das jetzt so genannte »Herzogtum Modena-Breisgau«. Ohne jegliche Bindung an die Gegend und seine neuen Untertanen setzte der bereits über 80-jährige Herzog seinen Schwiegersohn Erzherzog Ferdinand Karl von Österreich (1754–1806), einen Sohn Maria Theresias, als Verwalter ein und kümmerte sich nicht weiter um sein Herzogtum am Oberrhein, sondern lebte weiterhin in Italien. Er starb wenige Monate später.

Die Breisacher arrangierten sich mit den neuen Verhältnissen. Während man nach wie vor unter den Folgen der Zerstörung von 1793 und der beiden ersten Koalitionskriege litt, waren die Jahre 1803–1805 eine erfreuliche und friedliche Verschnaufpause in dieser sonst so unruhigen Ära. Der Rat hatte verschiedene Pläne für große Bauvorhaben wie ein neues Schulhaus, ein neues Rathaus, und sogar eine neue Rheinbrücke wollte man bauen. Doch alle diese Pläne scheiterten letztendlich an Geldmangel. Nur wenige Gewerbe in der Stadt konnte man als profitabel bezeichnen. Dazu zählte interessanterweise das Wirtsgewerbe: 15 Wirtschaften gab es zu dieser Zeit in der Stadt. Aber sowohl die Bewohner als auch die Stadt selbst waren hoffnungslos verarmt. Die Zukunft sah düster aus, und in der zweiten Hälfte des Jahres 1805 zogen neue Kriegswolken am Oberrhein auf.

Im August 1805 verlegte Napoleon seine gesamte Armee von der französischen Kanalküste an den Rhein. Ende September gingen die ungefähr 100.000 Soldaten an verschiedenen Stellen über den Rhein. Die drei süddeutschen Herrscher von Bayern, Württemberg und Baden gerieten unter Druck. Napoleon war an Bündnissen mit ihnen interessiert und stellte sie schließlich unverhohlen vor die Entscheidung, sich ihm anzuschließen oder von seiner riesigen Streitmacht besetzt zu werden. Letztendlich beugten sich alle drei dem

Druck Napoleons und schlossen Bündnisverträge mit ihm. Ende September erklärte Österreich dem französischen Kaiser den Krieg; der Dritte Koalitionskrieg hatte damit begonnen. Es war ein wahrer Blitzkrieg, der mit einem klaren Sieg Napoleons in der Schlacht bei Austerlitz schon Anfang Dezember 1805 endete.

Das Herzogtum Modena-Breisgau hatte sich eigentlich für neutral erklärt, wurde aber dennoch in den Krieg mit hineingezogen. Mitte Oktober 1805 besetzten französische Truppen Breisach und machten sich sofort daran, Breisach mit neuen Schanzen und Verteidigungsanlagen zu versehen. Die Breisacher machten das Beste aus der Situation; die Präsenz von 800 Mann eröffnete neue Verdienstquellen. Man verkaufte den Schänzern und den französischen Soldaten Wein und Bier, bot Transport, Unterbringung und Verköstigung an. Auf der anderen Seite hatten die Einwohner mit Zwangsdiensten, Einquartierungen und Beschlagnahmungen zu kämpfen, sodass sich kein entscheidender wirtschaftlicher Aufschwung einstellte. Kampfhandlungen fanden aber schlussendlich während des Dritten Koalitionskrieges im Breisgau nicht statt.

Am 26. Dezember 1805 wurde der Frieden von Preßburg (das heutige Bratislava) geschlossen, dessen Bedingungen Napoleon den besiegten Österreichern diktierte. Für die neuen Verbündeten Napoleons in Süddeutschland brachte der Friedensschluss viele Vorteile: Bayern und Württemberg wurden zu Königreichen erhoben, Baden stieg zum Großherzogtum auf. Bayern, Württemberg und Baden erhielten erheblichen Gebietszuwachs auf Kosten Österreichs.

Die Markgrafschaft Baden verfügte bis zu diesem Zeitpunkt über ein stark zersplittertes Territorium, zwischen dessen Teilen andere Herrschaftsgebiete, vor allem vorderösterreichische, lagen. Nach dem sog. »Reichsdeputationshauptschluss« 1803, welcher das Ende das »Heiligen Römischen Reiches Deutscher Nation« besiegelte, stieg die Markgrafschaft zum Kurfürstentum auf und erhielt zahlreiche Gebiete. Doch erst der Frieden von Preßburg brachte Baden die lang ersehnte territoriale Einheit: Die ihm zugeschlagenen früheren vorderösterreichischen Gebiete des Breisgaus und der Ortenau sowie einige kleinere Gebiete beseitigten die ehemalige Zersplitterung des badischen Herrschaftsgebiets. Das Großherzogtum Baden zog sich nun am Rhein entlang von Mannheim bis nach Süden zur Schweizer Grenze und stieß im Norden mit der Eingliederung Wertheims an die Ufer des Mains. Das kurzlebige Herzogtum Modena-Breisgau war damit Geschichte. Der Breisgau und Breisach wurden badisch.

Von Ruinen zur Garnisonsstadt: das 19. Jahrhundert

Breisach und Baden

Wie oft hatten sich die Breisacher im Laufe der langen Stadtgeschichte schon an neue Herrscher gewöhnen müssen! Seit der Mitte des 14. Jhs. hatte Breisach zu Vorderösterreich gehört, wenn man von den Zeiten unter der französischen Krone und der kurzen Herrschaft des Herzogs von Burgund einmal absieht. Unter den Habsburgern war Breisach zur stärksten Festung am Oberrhein aufgestiegen und am Ende als verarmte, zerstörte Kleinstadt in die Bedeutungslosigkeit gesunken. Leicht fiel den Breisachern der Wechsel sicher nicht, aber wie schon so häufig in ihrer Geschichte arrangierten sie sich auch jetzt mit der neuen Situation. Ein Mitspracherecht wurde ihnen sowieso nicht eingeräumt. Sie brachten dem neuen Landesherrn Respekt und bald auch Zuneigung entgegen und hofften, dass sich die miserable finanzielle und wirtschaftliche Lage der Stadt nun vielleicht verbessern würde.

Im Februar 1806 tauschte man am Rathaus den vorderösterreichischen Adler gegen das badische Wappen aus. Am Tag der offiziellen Inbesitznahme, dem 15. April 1806, feierte die Stadt den neuen Landesherren mit einem Gottesdienst im Münster sowie einer feierlichen Zeremonie in der Breisacher Synagoge und errichtete ihm ein Denkmal auf dem Eckartsberg in Form eines Obelisken, das in Anwesenheit der Stadtbevölkerung mit einer Rede des Bürgermeisters, Musik und Böllerschüssen eingeweiht wurde. Das Denkmal, das 1856 renoviert wurde, ziert bis heute die Spitze des Eckartsbergs.

Aber so ganz ohne Schwierigkeiten vollzog sich der Übergang an Baden nicht: Seit Jahrhunderten gab es keine Staatsbehörden mehr in Breisach. Die Hoheitsrechte, wie zum Beispiel die Gerichtsbarkeit, wurden von der Stadt selbst wahrgenom-

Auf dem Eckartsberg erinnert das Monument bis heute an den Übergang der Stadt an das Großherzogtum Baden im Jahr 1806.

men, und sämtliche frühere Herrscher hatten sich aus den Geschäften der Stadt und ihrer Verwaltung weitgehend herausgehalten. Doch das badische Staatswesen am Beginn des 19. Jhs. war anders organisiert und zeigte die Anfänge einer modern geregelten Kommunalverwaltung. Die jahrhundertelang gegen alle Herrscher verteidigte Selbstverwaltung der Stadt war damit nicht mehr zu halten. Nach zähen Verhandlungen wurde Breisach im Herbst 1807 zum Sitz eines »Oberamts« bestimmt, also einer Verwaltungsbehörde der Staatsregierung, dessen Bezirk viele Orte des Kaiserstuhls und am Tuniberg umfasste. In Breisach gab es jedoch kein Gebäude in Staatseigentum. 1806 war endlich, über zehn Jahre nach der großen Zerstörung, ein Schulhaus fertiggestellt worden, doch nun wurde der Schulunterricht in zwei Wirtshäuser ausgelagert, damit das Amt im neuen Schulgebäude unterkommen konnte. Erst 1823 wurde auf dem Gelände des ehemaligen Franziskanerklosters ein

Stadtansicht um 1830. Die Oberstadt ist nur spärlich bebaut, und immer noch zeugen Ruinen von der großen Zerstörung im Jahr 1793.

Amtshaus mit Gefängnis gebaut. An seiner Stelle steht heute das Amtsgericht Breisach. So begannen sich die alten Strukturen der Stadt langsam zu verändern – Breisach wurde immer mehr zur badischen Landstadt.

Da Baden mit Napoleon verbündet war, kam es nicht mehr zu Eroberung und Besetzung der Stadt. Dafür wurden hier nun regelmäßig französische und badische Soldaten einquartiert. Tatsächlich begann Napoleon im Jahr 1811 mit Großherzog Karl Friedrich (1728–1811) über die Abtretung Breisachs an Frankreich zu verhandeln, um die Stadt wieder in eine Festung zu verwandeln und so einen sicheren Rheinübergang zu schaffen. Der Großherzog soll dem Plan positiv gegenübergestanden haben. Der Russlandfeldzug und der damit eingeleitete Niedergang Napoleons verhinderte allerdings, dass der Plan in die Tat umgesetzt wurde.

Im Laufe des frühen 19. Jhs. begann es in Breisach langsam aufwärtszugehen, doch die Folgen der Zerstörung von 1793 waren immer noch überall sichtbar. Die Oberstadt hatte man fast völlig aufgegeben; bis in die 1840er Jahre war sie eine Ruinenstadt, auch noch ein halbes Jahrhundert nach der großen Zerstörung. In erhaltenen Kellern und Gewölben lebten die Familien, die bislang keine neue Wohnung gefunden hatten oder nicht die Mittel hatten, sich etwas Neues zu bauen. Nur sehr zögerlich wurde die Oberstadt wieder bebaut. In der Unterstadt am Fuß des Münsterberges entstanden nun Wohn- und Geschäftsviertel, die Schäden am Münster wurden bald repariert. Gegenüber wurden Pfarrhaus, Rathaus sowie Amtshaus errichtet. Ansonsten aber blieb der Berg nur sehr spärlich bebaut. Das Terrain des Schloßplatzes war seit der Abtragung der letzten Burggebäude im späten 18. Jh. mit Wald bedeckt. Zwischen dem Radbrunnenturm und dem Rathaus gab es fast keine Häuser, die Westseite der Radbrunnenallee war völlig unbebaut. In der Kettengasse und der Schulgasse sah es ähnlich aus. Hauptsächlich legte man auf dem Berg Gärten und Rebflächen an, die durch hohe Mauern voneinander abgegrenzt wurden, für die man Steine der abgebrochenen Ruinen verwendete. Die badischen Behörden stellten recht großzügig Geld zur Verfügung, um den Wiederaufbau der Stadt voranzutreiben. Bis zur Mitte des 19. Jhs. wurden in Breisach nach und nach alle Straßen gepflastert, der Marktplatz mit Linden bepflanzt.

Aber auch wenn sich manches besserte, lebte der Großteil der Bevölkerung in Armut. Das »Jahr ohne Sommer« 1816, als Schwefelwolken infolge des Ausbruchs des Vulkans »Tambora« in Asien Europas Himmel verdüsterten, und die darauffolgenden Ernteausfälle im Südwesten trafen die verarmte Bevölkerung hart. So begannen auch einige Breisacher auszuwandern. Dazu musste man offiziell ein Auswanderungsgesuch stellen, das in der Freiburger Tagespresse veröffentlicht wurde. Wenn sich daraufhin kein Gläubiger bezüglich etwaiger Schulden meldete, wurde die Auswanderung schließlich genehmigt. Das Verfahren war langwierig und kompliziert, weshalb sich gerade arme Bürger oft heimlich aus dem Staub machten, was jedoch strafbar war. Ab 1816 häufen sich auch in Breisach die Auswanderungsgesuche. Ziel war hauptsächlich Nordamerika.

Die Revolution kommt nach Breisach

Gerade als Breisach sich Mitte des 19. Jhs. von den Strapazen des vorigen Jahrhunderts zu erholen schien, geriet es in die Wirren der nächsten großen Verwicklungen der Politik.

Die Jahre 1846 und 1847 waren durch die letzte große Hungersnot der frühindustriellen Zeit geprägt. Missernten sowie die Kartoffelfäule, die seit 1844 große Teile der Kartoffelernten zerstört hatte, führten zu einer erheblichen Verknappung und Verteuerung von Grundnahrungsmitteln. Seit Anfang der 1840er Jahre wurden die Liberalen zu einer immer stärkeren politischen Kraft im Land; die politischen und sozialen Spannungen nahmen zu. Die lauter werdenden Rufe aus der Bevölkerung nach mehr Grundrechten und weniger Macht für die Herrscher sowie der Wunsch nach einem deutschen Nationalstaat vermischten sich mit den Forderungen nach der Beseitigung sozialer und wirtschaftlicher Missstände. Der Staat war nicht in der Lage, die Krise zu bewältigen. Armut, wirtschaftliche Not und Hunger sorgten für enormen sozialen Sprengstoff, was sich 1848 überall in Baden und quer durch alle Gesellschaftsschichten in einer Revolution entlud, die zudem von der Februarrevolution in Frankreich befeuert wurde.

In vielen Städten und Ortschaften Badens kam es ab dem Frühjahr 1848 zu Aufständen und vereinzelt sogar zu Straßenkämpfen. In Breisach und Umgebung gärte es ebenfalls. Bewaffnete Bürgerwehren und sog. »Märzvereine« oder Volksvereine wurden gegründet. Auch in Breisach gab es spätestens seit dem Frühjahr 1849 einen Volksverein, der um die 220 Mitglieder hatte. Heute ist größtenteils nicht mehr nachzuvollziehen, welche Breisacher in diesem Verein Mitglied waren. Als nämlich in Breisach publik wurde, dass preußische Truppen im Anmarsch waren, wurden die Akten des Vereins in großer Eile vernichtet. Man kann wohl annehmen, dass auch Breisacher Bürger den revolutionären Ideen anhingen und an den bedeutenden Ereignissen der badischen Revolution teilgenommen haben, etwa an den Aufständen der großen badischen Revolutionsführer Friedrich Hecker, Georg Herwegh und

Gustav Struve im Frühjahr 1848, der Ausrufung der Republik durch Gustav Struve in Lörrach im September 1848 oder an der Offenburger Tagung im Mai 1849. Beweisen lässt sich das aufgrund vernichteter Quellen jedoch nicht mehr. Vereinzelt sind Verhaftungen bekannt: Roman Herbst, Vorstand des Breisacher Volksvereins, wurde bei Lichtental verhaftet, in Breisach selbst einige weitere namentlich bekannte Mitglieder. Eines jedenfalls ist sicher: Es gab in Breisach selbst keine Barrikaden und keine blutigen Kämpfe auf den Straßen. Die Ereignisse der Jahre 1848/49 dürften deshalb nur wenig Auswirkungen auf den Alltag in der Stadt gehabt haben.

Wesentlich besser als die revolutionären Umtriebe der Breisacher selbst, lassen sich die Folgen der Revolution für die Stadt belegen. Schon in der zweiten Jahreshälfte 1848 wurden württembergische Truppenverbände, die in die Niederschlagung der Aufstände von Hecker und Struve involviert waren, in Breisach stationiert. Ungefähr zur selben Zeit wurden für die Breisacher Bürgerwehr Gewehre angeschafft; doch scheint es zwischen den Soldaten, die immerhin eine Besatzungsmacht darstellten, und den Breisacher Bürgern nicht zu nennenswerten Auseinandersetzungen gekommen zu sein. Die Bürgerwehr war in drei Rotten zu je 60 Mann eingeteilt; man kann also von einer Truppenstärke von nahezu 200 Mann ausgehen.

Mitte Mai 1849 floh Großherzog Leopold (1790–1852) in der Nacht aus Karlsruhe ins Exil nach Koblenz. Nur wenige Tage zuvor hatten in der Bundesfestung Rastatt Soldaten der badischen Garnison gemeutert und sich mit Teilen der revolutionären Bürgerwehr verbündet. Wie schon bei der Niederschlagung der Aufstände von 1848 rückten nun weitere Truppen des Deutschen Bunds, hauptsächlich aus Preußen, nach Baden ein. Die Bürgerwehren im Land begannen sich zu sammeln. Ungefähr 120 Breisacher zogen Anfang Juni nach Freiburg und von dort mit der Eisenbahn weiter nach Karlsruhe, um für die Republik zu kämpfen. An konkreten Kampfhandlungen waren sie jedoch wohl nicht beteiligt. Als am 23. Juli 1849 badische Revolutionäre in der Festung Rastatt vor preußischen Truppen kapitulieren mussten, war das Ende der Revolution in Deutschland besiegelt. Die badische Armee wurde aufgelöst und später unter preußischer Führung neu aufgebaut.

Die Mitglieder der Bürgerwehr kehrten im Laufe der nächsten Wochen auf eigene Faust zurück, die letzten elf Männer Mitte August, nachdem sie einige Zeit in der Festung Rastatt inhaftiert gewesen waren. Im Nachgang der Revolution wurden einige Breisacher wegen Verbrechen wie »Hochverrat«, »Majestätsbeleidigung« und »Teilnahme an hochverräterischem Aufruhr« angeklagt. Alles in allem kamen die Breisacher Revolutionäre aber glimpflich davon: Die meisten langen Zuchthausstrafen wurden nachträglich verkürzt.

Die preußische Invasion hatte Auswirkungen auf Breisach. Zusammen mit anderen Ämtern des Oberrheinkreises musste auch das Bezirksamt Breisach für die Verpflegung eines preußischen Armeekorps' aufkommen. Die Stadtverwaltung musste dafür den Betrag von 1.180 Gulden beisteuern. Zudem wurden nun preußische Truppen in der Stadt einquartiert, und schon bald wurde Breisach zur dauernden Garnison für preußische Truppen bestimmt. Das ehemalige Badhotel Herbst wurde zur Kaserne für die Soldaten umfunktioniert (auf dem Gelände befindet sich heute das Martin-Schongauer-Gymnasium). Die Offiziere wohnten meist bei Privatleuten, was einigen Breisachern willkommene Mieteinnahmen bescherte. Auch Pferdeställe und geeignete Grundstücke für Schießübungen wurden bereitgestellt. Bis Ende 1850 blieben die Preußen in Breisach, dann kehrten sie nach Hause zurück und wurden von Truppen der neugeschaffenen badischen Armee abgelöst, die nun ihrerseits in der Stadt einquartiert wurden. Der Abzug der letzten Truppen Anfang 1852 beseitigte endgültig die Konsequenzen der badischen Revolution in Breisach. Die Stadt geriet, zumindest fürs Erste, in deutlich ruhigeres Fahrwasser.

Der Deutsch-Französische Krieg

Die Revolution wurde von den Breisachern rasch zu den Akten gelegt: Die einstigen Revolutionäre, wie zum Beispiel die Vorstandsmitglieder des Volksvereins, Roman Herbst und Rudolf

Ansicht des Münsters von Osten aus dem Jahr 1862.

Hau, nahmen ganz selbstverständlich wieder ihre Plätze unter den Honoratioren der Stadt ein – die meisten von ihnen waren zu wichtig für das Wirtschaftsleben der Stadt, als dass man auf sie hätte verzichten wollen. Als in den 1850er Jahren die »Öffentliche Spar-Cahse« gegründet wurde, saßen in deren sechsköpfigem Verwaltungsrat allein drei Revolutionsteilnehmer.

In den beiden Jahrzehnten nach der Revolution ging es in vielen, wenn auch nicht allen Bereichen bergauf. Anfang der 1860er Jahre hatte die Stadt knapp 3.150 Einwohner. Das Wirtschaftsleben wurde von landwirtschaftlichen Betrieben geprägt, vom Holzhandel, Weinhandel, Fischfang und der Schifffahrt. Noch 1851 gab es in Breisach 64 hauptberufliche Rheinfischer, ein heute fast ausgestorbenes Gewerbe. Als industrieller Betrieb ist eigentlich nur die Tapetenfabrik Erismann zu erwähnen, die 1838 in Breisach gegründet wurde und bis 1858 im Rheintor produzierte. Anschließend nahm man die neuen Gebäude in der Richard-Müller-Straße in Betrieb. Ungefähr 60 Personen waren dort beschäftigt. Die Gewerbestruktur war ansonsten aber immer noch mittelalterlich organisiert. Es gab noch 13 Zünfte in der Stadt, die erst durch das Gewerbegesetz von 1862 aufgehoben und durch freiwillige Handwerkervereinigungen ersetzt wurden. Eine reiche Stadt war Breisach sicher nicht, und unter den Beamten des Oberrheinbezirks wurde eine Versetzung dorthin durchaus als »Verbannung« betrachtet. Die Infrastruktur war ungenügend, auch wenn immer wieder Schritte in Richtung Modernisierung unternommen wurden. Während der zweiten Hälfte des 19. Jhs. überwand Breisach jedoch langsam die Folgen der Zerstörung von 1793. Auch über fünfzig Jahre nach der Katastrophe fanden sich noch Ruinen auf dem Münsterberg, nach wie vor war die Oberstadt nur spärlich bebaut. Ummauerte Gärten bestimmten das Bild. Und immer noch gab es Reste der einstigen Festungsanlagen rings um die Unterstadt, die wertvollen Grund blockierten. Sie wurden nun endlich abgetragen. Die alten Festungsgräben um die Stadt wurden trockengelegt und aufgefüllt, was bei der Bekämpfung der Malaria half. Auch die Rheinregulierung trug dazu bei, die Brutstätten der Malariamücken weitgehend zu beseitigen. Die Malaria, die jahrhundertelang eine ernste Gesundheitsgefahr am Oberrhein dargestellt hatte, wurde selten.

Die Lage als Grenzstadt wurde den Breisachern schlagartig wieder besonders bewusst, als sich 1870 der nächste Krieg anbahnte. Da Breisach viele seiner Agrarerzeugnisse im Elsass absetzte, sah man die Spannungen zwischen Frankreich und Preußen mit großer Sorge.

Dem Deutsch-Französischen Krieg gingen langwierige Streitigkeiten zwischen Frankreich und Preußen um die spanische Thronkandidatur des Prinzen Leopold von Hohenzollern-Sigmaringen (1835–1905) voraus. Schon seit dem Deutschen Krieg von 1866 bestand ein vertragliches Schutz- und Trutzbündnis zwischen Baden und Preußen (sowie zwischen Preußen und den anderen großen süddeutschen Staaten). Großherzog Friedrich I. (1826–1907) war bekannt für seine preußenfreundliche Politik und dem Königreich Preußen auch durch seine Heirat mit Prinzessin Luise, der Tochter des späteren Kaisers Wilhelm I. (1797–1888), verwandtschaftlich verbunden. Als Frankreich Preußen am 19. Juli 1870 den Krieg

DIE RHEINBEGRADIGUNG BEI BREISACH

Schon in früheren Jahrhunderten kam dem Rhein eine große Bedeutung als Handelsroute zu. Doch das Gewirr aus Flussarmen sowie die häufige Veränderung seines Laufs durch Hochwasser stellten erhebliche Behinderungen dar, vor allem für die wesentlich größeren und dampfbetriebenen Schiffe des 19. Jhs. Die auf dem Wiener Kongress geschaffene Zentralkommission für die Rheinschifffahrt widmete sich daher ab 1816 diesem Problem. 1817 wurde der badische Ingenieur Johann Gottfried Tulla (1770–1828) mit der Begradigung des Oberrheins beauftragt. Diese Begradigung sollte Schifffahrtshindernisse beseitigen, die Gefahr von Überflutungen bannen und auch neue Ackerflächen und Siedlungsgebiete erschließen. Es sollte der größte Eingriff in die natürlichen Gegebenheiten der Region werden. Knapp 60 Jahre nach Beginn war die Begradigung des Oberrheins abgeschlossen, der Flusslauf hatte sich durch das Durchschneiden der Rheinschlingen zwischen Basel und Bingen um knapp 81 km verkürzt. Aus dem einst wilden Fluss war eine moderne Wirtschaftswasserstraße geworden.

Mitte des 19. Jhs. erreichten die Arbeiten Breisach und hatten dort weitreichende Konsequenzen. Durch die Begradigung gingen Rheininseln und weite Teile der ufersäumenden Auenwälder verloren, was auch die Holzwirtschaft beeinträchtigte. Zusammen mit anderen Gemeinden versuchte Breisach, sich gerichtlich gegen die Verstaatlichung von Uferflächen zur Wehr zu setzen, allerdings ohne Erfolg. Die Rheinbegradigung veränderte die Topografie in Breisach nachhaltig: Das Flussbett des Rheins, der jahrhundertelang am Fuß des Münsterbergs entlanggeflossen war, liegt heute 250 bis 300 m vom Berg entfernt. Und auch wenn die Hochwassergefahr deutlich verringert und die Malaria eingedämmt wurde, fanden sich in Breisach viele Kritiker des Unternehmens.

Dennoch wurde 1874 mit Fürsprache des badischen Großherzogs Friedrich I. (1826–1907) auf dem Breisacher Schlossberg ein Denkmal in Form eines gemauerten Turms errichtet, das bis heute an die Verdienste des »Bändigers des wilden Rheins« erinnert, wie die Inschrift des Sockels verkündet.

erklärte, ist es daher nicht verwunderlich, dass das Großherzogtum Baden mit in den Krieg eintrat. Tatsächlich machte Baden bereits ab dem 16. Juli 1870 mobil, noch vor der Kriegserklärung Frankreichs an Preußen.

Aufgrund der Erfahrungen in vergangenen Kriegen befürchtete man in Breisach eine erneute Besetzung durch französische Truppen. Die französische Festung Neuf-Brisach stellte ebenfalls eine Gefahr dar, da man von dort aus Breisach mit Artilleriegeschützen problemlos erreichen konnte. Außerdem war die Festung seit Kriegsbeginn mit mehr Truppen verstärkt worden. Die Schiffsbrücke oder »fliegende Brücke«, die Breisach seit 1845 mit dem französischen Rheinufer verbunden hatte, wurde nun fieberhaft abgebaut, da man eine französische Invasion befürchtete. Letztendlich fanden auf badischem Boden keine direkten Kampfhandlungen statt, aber die französische Artillerie nahm hin und wieder Orte auf der deutschen Rheinseite ins Visier. Nur zwei badische Städte wurden im Laufe dieses Krieges von den französischen Truppen beschossen: Kehl und Breisach.

Nach dem Fall Straßburgs Mitte Oktober 1870 befürchtete man Repressalien und Angriffe auf Ziele auf der rechten Rheinseite. Zudem sollte das Fort Mortier, das alte Festungsvorwerk von Neuf-Brisach, zerstört werden, wozu die badische Landwehrartillerie mit ihren Geschützen am 29. Oktober in Breisach einzog. In den ersten Novembertagen brachten sie einige Geschütze auf dem Münsterplatz in Stellung. In der Stadt wurden Sorgen laut, dass die Franzosen bei dem Bemühen, diese Geschütze unschädlich zu machen, unweigerlich das Münster und die umliegenden Häuser beschießen würden. Der damalige Bürgermeister überzeugte zwar letztendlich den Kommandanten, die Kanonen wieder zu entfernen, aber es war zu spät. Auf der anderen Rheinseite waren die Geschütze auf dem Münsterberg bemerkt worden und lösten genau das aus, was die Breisacher befürchtet hatten: Ab dem 4. November 1870 wurde Breisach neun Tage lang immer wieder von den Franzosen beschossen, wodurch das Münster und bis zu 40 Häuser teils schwer beschädigt wurden. In der Münsterbergstraße wurde ein Kanonier namens Otto Kern am

7. November durch einen Granatsplitter getötet. Bis heute gedenkt ein Kreuz im Straßenpflaster der Münsterbergstraße seinem Tod während der Beschießung der Stadt. Auf der Südseite des Münsters ist ebenfalls eine Gedenkinschrift angebracht, die an das Bombardement 1870 erinnert. Die Festung Neuf-Brisach war nach erfolgreicher Belagerung unter starkem Artilleriebeschuss im November 1870 von General von Schmeling eingenommen worden.

Der Krieg dauerte bis zum 10. Mai 1871 und endete mit der Niederlage Frankreichs. Aus Breisach nahmen 51 Männer an diesem Krieg teil: Alle von ihnen überlebten, darunter einige schwer verwundet. Nach dem Deutsch-Dänischen Krieg 1864 und dem Deutschen Krieg 1866 war der Konflikt mit Frankreich der dritte und letzte der deutschen Einigungskriege. Noch während seines Verlaufs traten Baden, Bayern, Württemberg und Hessen-Darmstadt dem Norddeutschen Bund bei. Damit und mit Inkrafttreten der Verfassung vom 1. Januar 1871 entstand das Deutsche Kaiserreich. Als Folge der Niederlage musste Frankreich das Elsass und Lothringen an das Deutsche Reich abtreten.

Vom Deutsch-Französischen Krieg zum Ersten Weltkrieg

Ab 1871 war das Elsass nun wieder deutsch und Breisach war keine Grenzstadt mehr. Die veränderten Verhältnisse brachten viele Vorteile. Schon 1871 war die Eisenbahnlinie zwischen Freiburg und Breisach eröffnet worden, doch aufgrund der Grenzlage war Breisach bisher ein Kopfbahnhof gewesen. Jetzt wurde eine Eisenbahnbrücke über den Rhein gebaut, und die Eisenbahnlinie bis nach Colmar verlängert, um das Elsass besser an das Kaiserreich anzubinden. Schon 1878 ging diese Eisenbahnstrecke in Betrieb. Für Breisach bedeutete das nicht nur verbesserten Warenverkehr, sondern auch einen Anstieg an Besuchern. Das Bahnhofsgebäude blieb allerdings noch bis 1914 ein Provisorium, eine Baracke. Erst wenige Wochen vor dem Ausbruch der Ersten Weltkriegs wurde der Bahnhof fertiggestellt.

Auch wenn die Eisenbahn eine wirtschaftliche Verbesserung für Breisach bedeutete, hatte die Stadt weiterhin mit erheblichen Problemen, darunter mit der Landflucht, zu kämpfen. Die großen Städte wie Freiburg und Karlsruhe zogen mehr und mehr die arbeitende Landbevölkerung und Bewohner der Kleinstädte an. 1875 hatte Breisach gerade mal 3.200 Einwohner, nur ungefähr 50 mehr als 25 Jahre zuvor. Der größte Arbeitgeber der Stadt war nach wie vor die Tapetenfabrik Erismann. Andere vergleichbare Betriebe hatten Schwierigkeiten, sich zu halten. So bestand eine 1892 im Rheintor eingerichtete Zigarrenfabrik nur etwas über ein Jahr. Wieder einmal suchten viele Breisacher ihr Glück in der Ferne, sowohl im Elsass als auch durch Emigration bis nach Nordamerika oder in das 1830 von Frankreich annektierte Algerien, ein populäres Auswanderungsziel vieler Bewohner des Kaiserstuhls in jener Zeit.

Ein großes Ereignis war der Besuch Kaiser Wilhelms I. mit seiner Gemahlin Augusta und einem großen Hofstaat im September 1879, dass die Breisacher aber nicht allzu sehr beeindruckt zu haben scheint: Zehn Jahre später erst regte die Breisacher Zeitung an, dass zur Erinnerung ein Kaiser-Wilhelm-Denkmal gebaut werden und die Radbrunnenallee in »Kaiserstraße« umbenannt werden sollte. Doch die Breisacher fanden das überflüssig. Es wurde kein Denkmal gebaut; weder gab es in Breisach eine »Kaiserstraße« oder eine »Kaiser-Wilhelm-Straße« noch eine »Bismarckstraße«.

Breisach hatte sich auch am Ende des 19. Jhs., also 100 Jahre nach der großen Zerstörung, noch nicht völlig erholt. Auch wenn es ein lebhaftes kleinstädtisches Leben gab, war alle Infrastruktur hoffnungslos veraltet. Es mangelte an einer richtigen Kanalisation; man behalf sich mit mittelalterlich anmutenden, offenen Abwasserrinnen in den Straßen. Noch immer zogen Nachtwächter ihre Runden durch die Stadt, da es noch keine moderne Polizei gab. Die Verhältnisse waren kleinbürgerlich bis ärmlich; nur wenige Bürger verfügten über bescheidenen Wohlstand.

Mit dem Jahr 1893 sollte sich – endlich – einiges ändern. Die Herren des Stadtrats hatten ein wenig neidvoll hinüber in die – nun deutsche – Festung Neuf-Brisach geblickt. Dort

Fotografie aus dem frühen 20. Jh. Noch immer ist die Oberstadt nur spärlich bebaut.

waren preußische Truppen stationiert, was der kleinen Stadt wirtschaftlichen Aufschwung beschert hatte. Genau das erhoffte man sich für Breisach auch. Die Breisacher wollten ganz klar ihre glanzvolle Vergangenheit als Festungsstadt wieder aufleben lassen. So machte der Stadtrat im Juni 1890 eine Eingabe beim preußischen Kriegsministerium in Berlin. Denn seit der Großherzog von Baden 1871 seine Wehrhoheit auf den preußischen König übertragen hatte, war dieses Ministerium für alle militärischen Belange des Landes Baden zuständig.

Nach viel bürokratischem Hin und Her wurde die Garnison bewilligt und der Stab sowie drei Kompanien des Fußartillerie-Bataillons Nr. 14 nach Breisach verlegt; und tatsächlich dauerte es nicht lange, bis sich die Wirtschaft in der Stadt belebte. Um die Kompanien unterzubringen, wurden teilweise alte Gebäude, darunter sogar das Rheintor, um- und ausgebaut. Des Weiteren musste die Stadt passende Gelände finden und notfalls ankaufen, um der Garnison Turn-, Exerzier- und Schießplätze zur Verfügung zu stellen. Auch ein Offizierskasino musste errichtet werden. Als dann 1894 die Mannschafts-

NEUER WIND UND UMFASSENDE MODERNISIERUNG

Mit der Garnison zogen neue Ideen in der Stadt ein: Auf dem Münsterberg, in einem Lagerhaus in der Kettengasse, das die Militärverwaltung 1903 erwarb, wurde eine Brieftauben- und Heliographenstation eingerichtet (Brieftauben wurden im Militär schon lange eingesetzt; Heliographen waren von den Engländern im gerade beendeten Burenkrieg verwendet worden). Auf dem Münsterberg wurden beide Nachrichtentechniken nun erprobt und vervollkommnet. An die 200 Brieftauben waren hier untergebracht, und die durchgeführten Versuche, mit denen der Orientierungssinn der Tauben bei Nacht erforscht wurde, trugen später im Ersten Weltkrieg wesentlich zur Verbesserung der Nachrichtenübermittlung bei.

Die durch die Garnison verbesserte wirtschaftliche Lage führte zu neuen Initiativen in der Stadt, als wäre mit der neuerlichen Präsenz einer Militäreinheit alter Unternehmergeist in der ehemaligen Festung neu erwacht. Bis 1895 stand zwischen dem Neutorplatz und dem Bahnhof noch kein einziges Gebäude. Bis 1901 jedoch wurde hier ein neuer Stadtteil geschaffen. Schon das Jahr 1900 hatte einen weiteren bedeutenden Schritt in die Moderne gebracht: Breisach wurde an das neue Fernsprechnetz angeschlossen und verfügte anfangs über zwölf Telefonanschlüsse. 1904 wurde auch endlich eine evangelische Kirche gebaut, nachdem sich die Gemeinde, die bis zum Ersten Weltkrieg auf über 600 Mitglieder anwuchs, mit allen möglichen Provisorien beholfen hatte. Die neugotische Kirche wurde auf den Überresten einer französischen Bastion, dem »Kirchbergle«, errichtet und nach der Zerstörung im Zweiten Weltkrieg im Stil der 1950er Jahre wieder aufgebaut. Das erste Automobil gab es in Breisach schon im Jahr 1893! Es gehörte dem Breisacher Arzt Dr. Eberle und erregte solches Aufsehen, dass darüber sogar in der Freiburger Zeitung berichtete wurde, wo man es als »Zukunftsdroschke« bezeichnete. Da die Fabrik von Carl Benz in Mannheim erst 1892 ihren Betrieb aufgenommen hatte, dürfte Dr. Eberle zu den ersten Kunden gehört haben.

Ab 1901 wurde eine moderne Wasserversorgung und bis 1908 eine ebensolche Kanalisation geschaffen. 1901 beschloss man auch die Errichtung eines Gas- und Elektrizitätswerks. Bis 1903 waren alle Leitungen verlegt, die Straßen wieder gepflastert und die Stadt verfügte über Koch- und Leuchtgas. Zuletzt blieb noch die Frage der Elektrizitätsversorgung, ein Problem, das zwar ab 1900 immer wieder im Stadtrat diskutiert wurde, aber letztendlich erst 1914 gelöst war. Kurz vor dem Ausbruch des Krieges gab es elektrisches Licht in Breisach. Auch der uralte Beruf des Nachtwächters wurde 1908 endlich abgeschafft.

stärke der Garnison noch einmal erhöht wurde, erwies sich auch die Errichtung von weiteren Unterkünften als notwendig. So entstand bis 1904 ein völlig neues Kasernenviertel im Osten der Stadt. Breisacher Betriebe lieferten den Kasernen im Auftrag des Militärs alles Notwendige, von Lebensmitteln bis hin zu Holz und Baumaterial. Für Breisach bedeutete dies die erste Stadterweiterung seit dem 15. Jh.! Das Stadtgebiet wuchs nun erstmals über den Bereich der Wälle und Gräben der ehemaligen französischen Festungsanlagen hinaus.

In nur 20 Jahren seit Einrichtung der Garnison hatte Breisach sich also zu einer gut ausgestatteten, modernen Kleinstadt entwickelt, in der es einigen Wohlstand gab. Endlich glaubte man, die langen Schatten von 1793 hinter sich gelassen zu haben. Dann aber kam der Krieg.

Not, Zerstörung und Hoffnung: Breisach im 20. Jahrhundert

Der Erste Weltkrieg

Schon direkt nach dem Attentat von Sarajevo am 28. Juni 1914 und während der folgenden »Julikrise« wurde die drohende Kriegsgefahr in den Städten und Dörfern des Oberrheins diskutiert. Die allgemeine Kriegsbegeisterung, die in der Berichterstattung der Zeit so gerne beschworen wird, war dabei aber nicht immer festzustellen. Die Region war schon so häufig Schauplatz kriegerischer Auseinandersetzungen gewesen, dass man der Zukunft mit gemischten Gefühlen entgegensah. Der Krieg begann am 28. Juli 1914 mit der Kriegserklärung Österreich-Ungarns an Serbien. Das Deutsche Reich trat am 1. August in den Krieg ein und erklärte Frankreich am Abend des 3. August wegen angeblicher Grenzverletzungen den Krieg. Das Leben der Menschen änderte sich auf einen Schlag: Die Bauern wurden mitten aus der Ernte gerissen; durch die Mobilmachung fehlten von heute auf morgen plötzlich überall wichtige helfende Hände, da die Einberufenen sich sofort zu melden hatten.

Von Anfang an wurde die Region Truppenaufmarschgebiet, was in vielen Gemeinden zu einer Einquartierung von Armeeangehörigen führte, deren Anzahl häufig die Einwohnerzahl überstieg. Die Anordnungen des Militärs ersetzten in vielen Bereichen die zivile Verwaltung. Verpflegung, Pferde, Transportmittel – vieles davon wurde bei der Zivilbevölkerung requiriert. Bereits Anfang August teilte die Breisacher Stadtverwaltung den Bewohnern mit, dass sie in den folgenden Tagen mit Einquartierungen von Soldaten zu rechnen habe, die an die Westfront verlegt wurden. Auch die Aufforderung des Breisacher Bahnhofskommandanten an die Einwohner, 100 Eimer und Kannen zur Verpflegung durchreisender Soldaten abzugeben, zeigt eindrücklich, wie das Leben in Breisach von

Die Furcht vor einer französischen Invasion war vor allem zu Beginn des Ersten Weltkriegs groß. Fotografien wie diese sollten die besorgte Bevölkerung beruhigen.

einem auf den anderen Tag auf Kriegswirtschaft umschalten musste. Die Bahnlinien waren essenziell für Truppenbewegungen und als Nachschub- und Versorgungslinien. In den Orten, die zum Befehlsbereich der Festung Neu-Breisach – seit 1871 ja ein deutscher Militärstützpunkt – gehörten, wurden Fuhrwerke beschlagnahmt. Den ganzen Krieg über waren Truppen in Breisach stationiert, auch wenn die Mannschaftsstärke über die Jahre stark variierte.

Schon im August 1914 kam es zu heftigen, wenn auch für das weitere Kriegsgeschehen weitgehend bedeutungslosen »Grenzgefechten« im Oberelsass. Bei der Bevölkerung Südbadens schürte dies aber die Angst vor einer drohenden französischen Invasion, sicherlich nicht zuletzt, weil man den Frontlärm nahezu pausenlos als dumpfes Hintergrundgeräusch hören konnte. Das Artilleriefeuer war nachts in der Ferne auch gut zu sehen, und regelmäßig klirrten die Fensterscheiben in der Stadt. Rings um Breisach und entlang des Rheins wurden ab Mitte August Sperrgebiete eingerichtet, und so mancher

Rebgarten, manche Streuobstwiese und mancher Wald musste Geschützstellungen, Laufgräben und Beobachtungsposten weichen. Der Krieg war allgegenwärtig. Die ständige Angst vor einer Invasion ließ auch nur wenig nach, als sich im Herbst 1914 das Kriegsgeschehen vorerst in andere Regionen verlagerte. Mit den Vogesenschlachten des Jahres 1915 rückte der Krieg dann wieder gefährlich nahe an den Oberrhein heran. Kampfhandlungen vor oder in der Stadt Breisach, wie man sie befürchtet hatte, und generell auf badischem Gebiet, blieben aber aus. Allerdings kam es immer wieder zu Warnungen vor Luftangriffen. Häufig verbrachte man in Breisach deshalb die Nächte in den Kellern. Im Ersten Weltkrieg wurden nämlich von allen Kriegsteilnehmern zum ersten Mal Angriffe aus der Luft – erst mit Luftschiffen, dann immer mehr mit Flugzeugen – durchgeführt. Als erste Stadt in Baden wurde im August 1914 Müllheim im Markgräflerland von einem alliierten Luftangriff getroffen. Freiburg, wo es sogar eine Militärfliegerschule gab, war mit 25 Luftangriffen die meistbombardierte Stadt Deutschlands. Auf dem Eckartsberg in Breisach wurde eine Flugabwehrbatterie eingerichtet, die 1915 auch ein feindliches Flugzeug abschoss. Dies und die ab April 1915 angeordnete, allabendliche Verdunklungspflicht in der Stadt zeigen deutlich, wie ernst man die Bedrohung durch einen Luftangriff einschätzte.

Die Städte entlang der Grenze wurden zu Lazarettorten weit hinter der Front. Freiburg als große Stadt war hier natürlich ein Zentrum, doch auch in Breisach wurde in der Kupfertorstraße ein großes Feldlazarett eingerichtet, wofür die Breisacher Hausfrauen Bettzeug und Handtücher abgeben mussten. Ebenso wurde das Heilig-Geist-Spital als Lazarett ausgestattet.

Bereits Ende August 1914 trafen die ersten Gefallenenmeldungen in Breisach ein. Der 35-jährige Zimmermann Karl Kranzer war das erste Opfer, das der »Große Krieg« aus den Reihen der Breisacher forderte. Er fiel am 19.8.1914 im Gefecht von Dornach bei Mulhouse im Elsass, kaum 50 km von seiner Heimatstadt entfernt. Insgesamt 85 Breisacher fanden auf den Schlachtfeldern des Ersten Weltkriegs den Tod. Der Jüngste von ihnen war gerade mal 18, der Älteste 47 Jahre alt.

Im Laufe des Krieges wurden in Breisach mehrere Lazarette eingerichtet, in denen die Verwundeten der Schlachten im Oberelsass und den Vogesen versorgt wurden.

So kehrte in Breisach bald Kriegsalltag ein, jegliche Begeisterung war schnell verflogen. Es dauerte nicht lange, bis Rohstoffe und Lebensmittel knapp wurden. Wie überall im Reich wurden auch in Breisach Güter wie Brot und Kaffee rar und teuer. Man ließ die Schulkinder Eicheln als Kaffeebohnenersatz und Wildgemüse sammeln, was den mageren Speiseplan aber nur wenig aufbesserte. Der Schwarzmarkt blühte, auch wenn die Stadtverwaltung durch gezielte Ankäufe von Lebensmitteln, wie zum Beispiel 10 Zentner rumänischen Weizengrießes im Februar 1916, die Not zu lindern versuchte.

Im Laufe des Krieges wurden immer mehr Gegenstände aus öffentlichem und privatem Besitz beschlagnahmt, weil die Rohstoffe, vor allem verschiedene Metalle, für die Kriegsindustrie gebraucht wurden. Die evangelische Gemeinde musste 1917 zwei ihrer drei Kirchenglocken hergeben – es waren keine historisch bedeutenden Glocken. Das Münster dagegen durfte seine Glocken aufgrund ihres Alters und historischen

Werts behalten. Die Metallnot der Kriegswirtschaft machte zur gleichen Zeit einem uralten Breisacher Hausgewerbe den Garaus: der Schnapsbrennerei. Seit Jahrhunderten brannten die Breisacher privat Schnaps, denn die meisten Häuser der Stadt mit ihren vielen Obstbäumen verfügten über ein altes Realbrennrecht. Doch nun wurden die meisten Brennkessel beschlagnahmt, und da nach Kriegsende kaum jemand über die finanziellen Mittel verfügte, wieder teure Kupferkessel zu beschaffen, starb die private Schnapsbrennerei Breisachs aus.

Die Folgen des Versailler Vertrags

Nach vier Jahren Krieg, Not, Hunger und Entbehrungen konnten die Breisacher es kaum glauben, als am 11. November 1918 im Wald von Compiègne der Waffenstillstand geschlossen wurde. Einige Bestimmungen dieses Abkommens betrafen Breisach unmittelbar: Elsass-Lothringen sollte innerhalb von 15 Tagen völlig von deutschen Truppen geräumt werden. Auf dem rechten Rheinufer wurde eine neutrale entmilitarisierte Zone von einer Breite von 10 km eingerichtet, und zwar von der Schweizer Grenze im Süden bis zur holländischen Grenze im Norden. Breisach und sein gesamter Amtsbezirk fielen in diese Neutrale Zone, das Dasein als Garnisonsstadt gehörte damit schlagartig der Vergangenheit an. Die deutschen Truppenverbände, die das Elsass und Lothringen räumten, gingen in großer Zahl in Breisach über den Rhein und ließen einiges an Kriegsgerät hier zurück. Vieles davon fand bei der Zivilbevölkerung weitere Verwendung, das »Mopsen« wurde von den Verantwortlichen des Militärs geduldet. Technisches Gerät und Wagenladungen von Stroh und Heu »verschwanden« auf diese Weise. In Breisach blieben allein zehn Flugzeuge zurück, die dort einfach abgestellt wurden.

Dieser Rechtszustand der Neutralen Zone dauerte nur bis zur Unterzeichnung des Vertrags von Versailles am 28. Juni 1919 an. Frankreich verfolgte klare Ziele: Im Deutsch-Französischen Krieg sowie im Ersten Weltkrieg waren weite Landstriche Frankreichs zum Kriegsschauplatz geworden. Daher war es vorrangiges Ziel des französischen Premierministers Clemenceau, neben der als selbstverständlich angesehenen Rückgabe Elsass-Lothringens in einem nächsten Krieg mit Deutschland ein erneutes Eindringen deutscher Streitkräfte von vornherein unmöglich zu machen. Dazu sollte auch die Entmilitarisierung der Rheingrenze dienen. Dazu kam noch das zweite Ziel: die Entschädigung für die Kriegszerstörungen und die Ablösung der interalliierten Schulden, die Frankreich vor allem bei den Vereinigten Staaten hatte. Die Tilgung dieser Schulden durch deutsche Entschädigungszahlungen würde ausreichen, dachte man, den gefährlichen Nachbarn nachhaltig zu schwächen.

Für Breisach brachte der Vertrag klare und unmittelbare Folgen: Nach 48 Jahren wurde es wieder Grenzstadt, die Breisacher Brücken wurden Eigentum des französischen Staats und die Grenzkontrollen oblagen ab sofort dem französischen Militär. Da Breisach in der nach dem Versailler Vertrag nun 50 km breiten entmilitarisierten Zone lag, durfte es keine Garnison

Französische Grenzposten am Rhein, der nach dem Ersten Weltkrieg wieder die Grenze bildete. Im Hintergrund der Breisacher Münsterberg.

DIE »ELSÄSSER-HÄUSER«

Eine weitere Folge des Ersten Weltkriegs wurde nicht durch den Versailler Vertrag ausgelöst, sondern durch die Entwicklung der Verhältnisse auf der linken, jetzt wieder französischen Rheinseite. Am Kriegsende zeigte sich die tiefe Zerrissenheit des Elsass: viele, aber nicht alle Menschen hießen das französische Militär im November 1918 jubelnd willkommen. Eher zurückhaltend waren z. B. Deutsche, die sich in den letzten 25 Jahren im Elsass niedergelassen hatten, sowie Elsässer, die sich dem Deutschen Kaiserreich zugehörig fühlten, und natürlich auch elsässische Soldaten, die im kaiserlichen Heer gedient hatten. Für sehr viele von ihnen bedeutete das Ende des Krieges auch den Verlust der (Wahl-)Heimat. Sog. »Sortierungkomitees« bestimmten, wer ausgewiesen wurde. Wer deutscher Abstammung war oder seine französische Gesinnung nicht hinreichend beweisen konnte, hatte schlechte Karten. So verließen nach 1918 weit über 100.000 Menschen freiwillig oder gezwungenermaßen das Elsass. Dabei kam es auch zu hasserfüllten Übergriffen. Auf der anderen Seite konnten aber auch fast 73.000 deutsche Staatsangehörige im Elsass die französische Staatsbürgerschaft erwerben und ihr Leben dort fortsetzen. Die endgültig Ausgewiesenen durften nur wenig Hab und Gut sowie kein Geld oder Wertsachen mitnehmen, was noch auf der französischen Rheinseite streng kontrolliert wurde, bevor man die Menschen zu Fuß über die Rheinbrücken nach Deutschland schickte.

In Breisach wurden die nun leerstehenden Kasernen der Garnison als Erstunterkünfte für die Vertriebenen genutzt. Ungefähr 50 Familien blieben in Breisach und ließen sich dauerhaft hier nieder, viele andere nutzten den Aufenthalt, um sich zu sammeln und zogen schließlich weiter. Noch heute gibt es in der Zeppelinstraße Wohnhäuser, die als die »Elsässer-Häuser« bekannt sind. Sie wurden in den Jahren 1921–23 gebaut, um den aus dem Elsass zugezogenen Familien Unterkunft zu bieten.

mehr haben, wodurch ein wichtiger Wirtschaftsfaktor wegfiel, der der Stadt seit 1893 zu einigem Wohlstand verholfen hatte. Der Stadt ging ihr gesamter linksrheinischer Grundbesitz, immerhin 530 Hektar Wald, ohne Entschädigung verloren – ein empfindlicher Schlag für die städtischen Einnahmen. Auch der Eisenbahnverkehr war betroffen: Breisach wurde einer von fünf Grenzbahnhöfen am Oberrhein. Die Baracke, die bis zur Fertigstellung des Bahnhofsgebäudes 1914 als Bahnhof gedient hatte, wurde nun Sitz der französischen Gendarmerie und Zollbehörde. Im Volksmund wurde sie nun »Elsässerbahnhof« genannt. Ab 1920 gab es wieder regelmäßige Personenzüge zwischen Freiburg über Breisach nach Colmar, doch die Züge waren häufig leer. Die wenigsten Deutschen hatten sowohl das nötige Visum als auch die Geldmittel für eine Fahrt nach Frankreich.

Die langanhaltendsten Folgen für Breisach und die gesamte Region aber brachte der Artikel 358 des Versailler Vertrages. Dieser sprach Frankreich die wirtschaftliche Nutzung des Rheins im Oberrheingebiet zu. In der Folge wurden acht Staustufen mit Wasserkraftwerken gebaut, auch bei Breisach: die Staustufe Vogelgrün. Diese Regelung sollte bis weit in unsere Zeit noch Auswirkungen haben. Bei Märkt wird Rheinwasser in den Grand Canal d'Alsace geleitet, westlich vom alten Flusslauf und der Staatsgrenze entlanggeführt und in mehreren Staustufen zur Elektrizitätsgewinnung genutzt. Am Rest- oder Altrhein ging der Wasserstand zeitweise so zurück, dass man eine Versteppung befürchtete, der man mit dem Bau des sog. »Kulturwehres« im Süden und der Rückleitung des Kanals in den Rhein nördlich der Stadt entgegenzuwirken versuchte (sog. Schlingenlösung). Erst seit den 1970er Jahren wurden zwei weitere Staustufen, nämlich Gambsheim und Iffezheim von Deutschland und Frankreich gemeinsam angelegt und genutzt. Bis heute muss jegliche Entnahme von Rheinwasser von deutscher Seite von den französischen Behörden genehmigt werden. Über 100 Jahre nach seinem Inkrafttreten hat der Versailler Vertrag also noch heute Auswirkungen auf die Region.

Breisach hatte wieder einmal einen Krieg überstanden. Doch der Wohlstand, den sich die Stadt seit 1890 erarbeitet hatte, war in den Kriegsjahren und durch die Folgen des Krieges unwiederbringlich verloren gegangen. Ausgezehrt von politischer Unsicherheit, wirtschaftlicher Not und Inflation ging Breisach in die 1920er Jahre.

Zwischen den Weltkriegen

Die großen Probleme der Weimarer Republik – Armut, Arbeitslosigkeit, Wohnungsnot, Inflation und Warenknappheit – machten natürlich auch vor Breisach nicht halt. Die Zwanzigerjahre waren in Breisach nicht unbedingt golden, aber die Stadt war im Laufe ihrer Geschichte schon mehrmals anscheinend am Ende gewesen und die Bürger würden wohl auch jetzt wieder neue Wege finden. Auswanderung erschien manchen als die sinnvollste Lösung, und so verließen in den 1920er Jahren über 70 Breisacher die Stadt. Die meisten von ihnen gingen nach Nordamerika, einige auch nach Südamerika und Mosambik.

Das dringendste Problem der Breisacher, wie wohl in vielen deutschen Städten, war die Knappheit und Teuerung von Lebensmitteln, die nach dem Ersten Weltkrieg einsetzte. Doch auch wenn Breisach eine Stadt war, gab es hier immer noch an die Hundert landwirtschaftliche Betriebe, sodass einiges vor Ort erzeugt wurde. Häufig hielten Bürger zu Hause Kaninchen und Hühner. Die Kinder wurden mit der Futterbeschaffung beauftragt und suchten die Felder nach liegengebliebenen Ähren und die Rheindämme nach Kräutern ab. Manche Nachbarn schlossen sich zusammen und zogen mit ihren Küchenabfällen gemeinsam ein Schwein auf, dessen Fleisch nach der Schlachtung aufgeteilt wurde. Der neu gegründete »Verein für Kleintierzucht und Gartenbau« verlegte sich auf die gemeinsame Schaf- und Ziegenhaltung, was den Mitgliedern sowohl Fleisch als auch Wolle verschaffte. Auch Schmuggel half, die Verhältnisse zu verbessern; weder der Krieg noch der Versailler Vertrag hatten sämtliche privaten Verbindungen der Breisacher ins Elsass beendet, auch wenn es keine offiziellen Geschäftsverbindungen mehr gab. Viele Familien hatten Verwandte und Freunde auf der anderen Rheinseite, die leichter an so manche Waren kamen, die in Breisach gerade schwer zu beschaffen waren. Ersatzteile für Fahrräder, Werkzeug oder auch die eine oder andere Dose elsässische Gänseleberpastete wurden im Schutz der Dunkelheit von mutigen Breisacher Schiffern und Fischern über den Rhein geholt. Bei Tageslicht wurde darüber nicht ge-

DIE BREISACHER FESTSPIELE

Der Wunsch des Stadtrats, mehr Fremdenverkehr in die Stadt zu holen, führte 1924 zur Gründung des Festspielvereins, einer Institution, die bis heute das kulturelle Leben Breisachs im Sommer bestimmt. Das erste auf dessen Initiative aufgeführte Theaterstück erzählte eine bekannte Episode aus der Breisacher Stadtgeschichte: die Zeit unter dem verhassten burgundischen Landvogt »Peter von Hagenbach«. Es stammte aus der Feder des Freiburger Schriftstellers und Dramatikers Wilhelm Fladt (1876–1941) und wurde auf dem Münsterplatz aufgeführt, unter Mitwirkung von fast 300 Personen. Nur die wichtigsten Hauptrollen wurden von professionellen Schauspielern übernommen, ansonsten glänzten Breisacher Bürger als Laiendarsteller. Es wurde ein großartiger Erfolg: An sämtlichen Sonntagen des Sommer 1924 kamen viele Zuschauer nach Breisach. Meistens waren die Vorstellungen ausverkauft. Man beschloss, das Unternehmen im nächsten Jahr zu wiederholen, dann auch in den Jahren darauf. Am Ende der 1920er Jahre waren die Breisacher Festspiele ein Teil des Kulturlebens geworden und finden auch heute noch jedes Jahr statt.

sprochen; und nur wenige dieser Geschichten sind aktenkundig geworden, aber es scheint, als hätten auch die Zoll- und Grenzbeamten auf beiden Seiten des Rheins mehr als einmal bewusst ignoriert, was da hinter ihrem Rücken so alles über den Fluss transportiert wurde.

Auch wenn es an sich schwere Zeiten waren, brachte die zweite Hälfte des Jahrzehnts doch auch erfreuliche Entwicklungen. Viele notwendige Straßen- und Pflasterarbeiten wurden ausgeführt. Man versuchte, Industriebetriebe anzusiedeln, von denen sich die meisten, wie die »Maschinenfabrik Carl Thorn und Co.«, die »Deutsche Nährflocken AG« und eine Fabrik für »technische Edelsteine«, nur wenige Jahre halten konnten. Die Tapetenfabrik Erismann, die seit ihrer Gründung im Jahre 1838 schon einige Krisen überstanden hatte, war nach wie vor einer der größten Arbeitgeber der Stadt. Eine weitere Erfolgsgeschichte war die Niederlassung der Sektkellerei Deutz und Geldermann (heute Geldermann Privatsektkellerei GmbH) im Jahr 1925. Zwei junge Aachener, William Deutz und Peter Geldermann, hatten 1838 in Aÿ in der Champagne eine Kellerei gegründet, die 1904 nach Hagenau ins damals deutsche Elsass umzog, um die teuren Einfuhrzölle zu umgehen. Als das Elsass nach dem Ersten Weltkrieg wieder französisch wurde, suchte man nach einem deutschen Standort, und so kam das Unternehmen nach Breisach. Es übernahm das Gelände sowie die weitläufigen Keller der seit 1911 geschlossenen Brauerei Bercher, die auf der Ostseite des Münsterbergs tief unter den Felsen hineinreichen.

Während sich also manches im Laufe der 1920er Jahre verbesserte, begannen sich die politischen Verhältnisse zum Unguten zu verändern. Schon bei der Reichstagswahl 1924 zeigte sich, dass die Nationalsozialisten auch in Breisach Anhänger hatten, auch wenn sie nur viertstärkste Partei wurden. Ihr Anteil sollte in den kommenden Jahren aber stetig ansteigen. Allerdings gab es noch 1930 nur einen einzigen Nationalsozialisten im Gemeinderat. Doch es dauerte nicht lange, bis auch in Breisach eine Ortsgruppe der NSDAP gegründet wurde. Im August 1930 fand im Gasthaus »Stadt Freiburg« zum ersten Mal eine öffentliche Sitzung der NSDAP statt, bei der sich sieben nationalsozialistisch gesinnte Breisacher trafen, aus denen unter Führung von Rudolf Diodone (1892–1957) Ende des Jahres die bald darauf so genannte »Ortsgruppe« hervorging. Der Malermeister Rudolf Diodone, ein Veteran des Ersten Weltkriegs, war auf der einen Seite als gründlicher Arbeiter bekannt, auf der anderen Seite aber auch für seinen Fanatismus und seine Neigung, sich hysterisch in Diskussionen hineinzusteigern. In der Gruppe kam es bald zu Machtkämpfen. Ende 1933 wurde Diodone von seinem Posten als Ortsgruppenleiter entbunden.

Es dauerte noch eine ganze Weile, bis die Nazis in Breisach mehr Zulauf bekamen. In vielen deutschen Städten wurde die »Machtergreifung« im Januar 1933 mit Fackelzügen und dergleichen gefeiert – nicht jedoch in Breisach! Hier war die Organisation der Partei noch im Aufbau, denn die NSDAP betrachtete die Gruppierung hier nur als »Stützpunkt«, aber nicht als offizielle »Ortsgruppe«, weil es ihr noch an Mitgliedern fehlte. Das sollte sich jedoch bald ändern. Schon zwei Monate später gab es genug Anhänger für einen Fackelzug am Vorabend der Reichstagswahlen am 5. März 1933, die für die Nazis in Breisach günstig ausging, da sie stärkste Partei wurden, auch wenn sie nicht die absolute Mehrheit erreichten. Ab diesem Moment begann die »Gleichschaltung« in Breisach. Der Bürgermeister Adolf Meyer, bereits in seiner dritten Amtszeit, wurde Ende März von der NSDAP -Ortsgruppe, die das Rathaus besetzt hatte, zu einer Rücktrittserklärung gezwungen und kurzzeitig in »Schutzhaft« genommen. Er zog später nach Freiburg, wo er 1939 starb. Sein Nachfolger Franz Herr wurde von Reichstatthalter Robert Wagner aus Engen berufen. Die Nazis schafften es, den Stadtrat und den Bürgermeister durch allerlei juristische Kniffe und Anordnung von »Schutzhaft« zu entmachten. Kurz darauf setzten die ersten Schikanen gegenüber den Juden und politisch Andersdenkenden ein.

Während die Nazis in der Stadt an politischem Einfluss gewannen, herrschte in Breisach zunehmend Not und Armut. Die Phase relativen Wohlstands in den späten 1920er Jahren wurde von einer Zeit der Not in der ersten Hälfte der 1930er Jahre abgelöst. Viele Breisacher hatten keine Arbeit mehr. Als Arbeitsbeschaffungsmaßnahme ließ der Stadtrat 1933 den Langen Weg und die Goldengasse für den Motorverkehr ausbauen und schaffte so die wichtigste Zufahrtsstraße auf den Berg. Gegenüber dem Rheintor wurde ein Hakenkreuz ins Pflaster gesetzt, zusammen mit der Jahreszahl 1933, um an die Fertigstellung zu erinnern. Die Zahl 1933 ist dort heute noch sichtbar. Das Hakenkreuz wurde nach dem Krieg entfernt, doch bei entsprechenden Lichtverhältnissen ist die Form durch die leicht andere Färbung der neuen Pflastersteine noch zu erkennen.

Im Frühjahr 1938 besuchte Hermann Göring Breisach kurz im Rahmen einer Inspektionsreise, auf der er das Terrain für den »Westwall« besichtigte. Innerhalb eines Jahres wurden nicht weniger als 117 Bunker allein in der Gemarkung Breisach gebaut. Nach der Fertigstellung des Westwalls, der sich von der Schweizer bis an die holländische Grenze zog, besuchte Hitler im Mai 1939 den Oberrhein und kam dabei auch zum ersten Mal nach Breisach. Er wurde auf dem Marktplatz von Breisacher Bürgern mit »Sieg Heil«-Rufen empfangen. Angeblich stieg er in Breisach nicht einmal aus, sondern fuhr direkt weiter. Hitler besuchte die Stadt im Juni 1940 ein zweites Mal, als er die französische Front inspizierte, schenkte ihr aber auch dabei kaum Aufmerksamkeit.

Zu Beginn des Zweiten Weltkriegs

Die drohende Kriegsgefahr wurde auch in Breisach im Sommer 1939 deutlich wahrgenommen. Von Anfang Mai 1939 bis 1947 war Hugo Höfler (1898–1968) Münsterpfarrer in Breisach. Er führte in dieser Zeit Tagebuch, das bis heute nur in Auszügen veröffentlicht ist, der Autorin aber dankenswerterweise vom Breisacher Stadtarchiv zur Verfügung gestellt wurde. Höfler ließ Mitte August den Silberschrein der Stadtheiligen von einem befreundeten Pfarrer im Schutz der Dunkelheit mit dem Auto nach Bad Säckingen in Sicherheit bringen. Anfang September wurde der Hochaltar vom Meister HL aus dem 16. Jh. im Münster vorsichtig abgebaut und zusammen mit einigen anderen Kunstwerken nach Freiburg ins bischöfliche Ordinariat gebracht, das über einen speziellen Schutzraum verfügte.

Als am 1. September 1939 der Krieg mit dem Überfall auf Polen begann, blieb es an der Westgrenze des Reichs zunächst noch ruhig. Zwar waren die Bunker des Westwalls bemannt und vorbereitet, doch es kam nicht zu Kampfhandlungen. Trotzdem lag Breisach – wieder einmal – genau an der Grenze zum Feind und in dessen Schusslinie. Daher wurde zwei Tage nach Kriegsbeginn bekanntgegeben, dass die Stadt vorsichtshalber evakuiert werden sollte.

Höfler beschreibt diese erste Evakuierung: »Um 12 Uhr nachmittags waren die Männer auf das Rathaus beordert worden. Eine Stunde später teilte uns jemand mit, wir müssten mit der Möglichkeit der Räumung rechnen. Er zählte uns auf, was wir alles mitzunehmen hätten. Im Ganzen durften 15 Kilogramm Gepäck mitgenommen werden … Am nächsten Morgen erfuhr ich, dass schon der größte Teil des Städtchens, besonders alte Leute und Frauen mit ihren Kindern abtransportiert worden seien.« Die Breisacher wussten nicht, wo die Reise hingehen würde, fanden sich aber dann in Überlingen am Bodensee und in Pfullendorf im Landkreis Sigmaringen gut untergebracht, teils in Gasthöfen, teils privat. Hugo Höfler selbst blieb in Breisach. Er besuchte aber seine Pfarrgemeindemitglieder während der Evakuierung regelmäßig. In seinem Tagebuch beschrieb er die Stadt am Abend nach der Evakuierung: »In den Gäßchen irrten herrenlose Hunde und Katzen umher. Sie vollendeten das Bild der Verlassenheit.«

Trotzdem waren ungefähr 200 Zivilisten in Breisach zurückgeblieben, vor allem Landwirte und Gewerbetreibende, die ihre Betriebe nicht einfach sich selbst überlassen konnten. Am 12. Oktober sprengten die Franzosen in aller Früh die Eisenbahnbrücke, die schon im Jahr darauf von den Deutschen wieder hergestellt wurde. Da es aber, von wenigen Gefechten abgesehen, immer noch zumeist ruhig blieb, kehrten die meisten Evakuierten bis Weihnachten 1939 auf eigene Faust nach Breisach zurück.

Die trügerische Ruhe an der Westfront endete Anfang Mai 1940 mit dem deutschen Angriff auf Frankreich. Die

Vorbereitung des Rheinübergangs im Frühsommer 1940: Wehrmachtssoldaten in Breisach.

deutsch-französischen Artillerieduelle häuften sich, der Rheinübergang der deutschen Truppen auch bei Breisach und Sasbach am Kaiserstuhl wurde vorbereitet und im Juni vollzogen. Ende Mai kam der Befehl, die Einwohnerschaft, knapp 3.800 Menschen, erneut zu evakuieren. Man brachte sie wieder an den Bodensee, nach Uhldingen, Meersburg und Hagnau. Breisach erlitt in dieser Zeit die ersten Kriegsschäden, französische Granattreffer beschädigten Privathäuser, das Münster und das Pfarrhaus.

Nachdem dann, nach der schnellen Niederschlagung des französischen Widerstands, am 22. Juni 1940 im Wald von Compiègne (wieder einmal) ein Waffenstillstand unterzeichnet wurde, kehrten die evakuierten Breisacher bis Ende Juni nach Hause zurück. Die von den Beschießungen angerichteten Schäden wurden repariert; in Breisach stellte sich ein gewisses Maß an Normalität ein. Mit der Niederlage Frankreichs und der erneuten Besetzung des Elsass durch die Deutschen endeten bis auf Weiteres jegliche Kampfhandlungen am Oberrhein.

Das Schicksal der jüdischen Gemeinde

Seit dem 18. Jh. war die jüdische Gemeinde Breisachs in der Judengasse, der heutigen Rheintorstraße, mit ihren Nebengassen unterhalb der Nordspitze des Münsterbergs beheimatet. Die Bedeutung der Breisacher Gemeinde für das Judentum in Baden ist erst im späten 20. und frühen 21. Jh. zutage getreten, als detaillierte Forschungen hierzu angestellt wurden. Mitte des 19. Jhs. gehörte ungefähr ein Fünftel der Breisacher Bevölkerung der jüdischen Gemeinde an. Auch wenn es ein eigenes »Judenviertel« gab, waren die Breisacher Juden keineswegs aus der Gesellschaft der Stadt ausgeschlossen. Sie waren in allen Vereinen der Stadt präsent, von der Narrenzunft bis zu den Sportvereinen. Jüdische Breisacher gehörten zu den Gründungsmitgliedern der Festspiele und saßen neben ihren christlichen Nachbarn im Gemeinderat. Viele von ihnen waren im Holz- und Viehhandel tätig oder betrieben Läden in der geschäftigen Unterstadt. Im Ersten Weltkrieg fielen acht Breisacher Juden für das Deutsche Kaiserreich. Von Ausgrenzung oder Anfeindungen war in Breisach vor den 1930er Jahren nichts zu spüren.

Es hatte lange gedauert, bis die Juden in Baden die völlige rechtliche Gleichstellung erreichten. Der Prozess begann mit dem »Judenedikt« des Großherzogs von Baden aus dem Jahre 1809 und war doch erst 1862 beendet. In Freiburg gab es zum ersten Mal seit dem Mittelalter wieder eine jüdische Gemeinde und eine große neue Synagoge. Das Bezirksrabbinat, das seit 1827 in Breisach bestand, wurde 1885 nach Freiburg verlegt, da die dortige Gemeinde immer größer wurde. Viele badische Juden zog es nun, da sie sich dort niederlassen durften, in die großen Städte. Auch die Breisacher Gemeinde schrumpfte etwas, doch im Jahr 1933 lebten immer noch 231 jüdische Bürger in der Stadt.

Mit der Herrschaft der Nationalsozialisten kam es bald zu Schikanen gegen die Breisacher Juden. Jüdische Pendler, die abends mit dem Zug von der Arbeit in Freiburg kamen, wurden von den Nazis am Bahnhof in Gewahrsam genommen und im Rheintor interniert, wo man sie zwar am nächsten Tag entließ, vorher aber verprügelte. Die Eingänge zu den jüdischen Geschäften wurden von Nazis blockiert, um den Boykott der Läden zu erreichen. Die ersten Juden verloren ihre Stellungen. Das Verhältnis zwischen jüdischen und christlichen Breisachern begann sich schnell zu verschlechtern, auch wenn man im Schutz der Dunkelheit noch Kontakt hielt und sich gegenseitig aushalf.

Die Synagoge aus dem frühen 19. Jh., die in den 1870er Jahren noch einmal vergrößert worden war, wurde am Vormittag des 10. November 1938 von den Nazis, genauer gesagt, von SA- und SS-Verbänden aus Freiburg, in Brand gesteckt. Allerdings beteiligten sich auch viele Breisacher Bürger an der Aktion. Die Synagoge wurde geplündert; ebenso wurden viele jüdische Geschäfte aufgebrochen und bestohlen. Die Männer der jüdischen Gemeinde wurden im Anschluss daran zusammengetrieben und nach Freiburg gebracht, von wo man sie ins KZ Dachau deportierte. Nach einigen Wochen kehrten die Männer nach Breisach zurück – schwer misshandelt und traumatisiert. Zwei von ihnen aber kamen nicht zurück: Jakob

Bernheim und Emil Grumbach wurden in Dachau ermordet. Michael Eisemann, der letzte Kantor der jüdischen Gemeinde, konnte die Misshandlungen in Dachau nicht überwinden. Er beging im Februar 1939 Selbstmord.

Als die Übergriffe der Nazis immer schlimmer und das tägliche Leben der Juden konstant schwieriger wurden, wanderten ungefähr 150 Breisacher Juden bis 1940 aus. Die Verbliebenen wurden nach dem Rheinübergang der deutschen Truppen Anfang Mai 1940 von der Stadtverwaltung eigenmächtig im elsässischen Rouffach in einer Irrenanstalt interniert, nach knapp einem Monat aber zurückgeholt, wobei man in der Zwischenzeit ihre Häuser geplündert hatte.

Der 22.10.1940 bedeutete das Ende der jüdischen Gemeinde Breisachs, ebenso wie für viele andere jüdische Gemeinden in Südbaden. Die letzten 34 noch in Breisach lebenden Juden wurden mit anderen in das Lager Gurs am Fuße der Pyrenäen deportiert, wo sie unter unmenschlichen Bedingungen dahinvegetierten. Die Verhältnisse in Gurs kosteten bereits dort zehn Breisachern das Leben. Im Zuge der sog. »Endlösung« wurden die meisten Lagerinsassen von Gurs im August 1942 nach Auschwitz deportiert. Mindestens noch acht Juden aus Breisach waren darunter.

Von den Überlebenden der Judenverfolgung kehrte nach dem Krieg fast niemand nach Breisach zurück. Nach dem Tod von Ludwig Dreyfuss im September 1993, der 1945 zurückgekehrt war, lebt heute kein Angehöriger der Breisacher Judengemeinde mehr in der Stadt. Seit 2003 wird die Geschichte der jüdischen Gemeinde Breisachs von der Gedenk- und Bildungsstätte »Blaues Haus« im ehemaligen Gemeindehaus der jüdischen Gemeinde erforscht und lebendig gehalten.

1944–1945: Der Untergang der Stadt

Bis Mitte des Jahres 1944 gab es am Oberrhein keine unmittelbare Bedrohung mehr durch den Krieg, und in Breisach verlief der Alltag in relativ ruhigen Bahnen. Evakuierte aus dem Ruhrgebiet wurden in der Stadt einquartiert, um den heftigen Bom-

Das Breisacher Münster am Ende des Zweiten Weltkriegs.

benangriffen in ihrer Heimatregion zu entgehen. Die Rationierung von Lebensmitteln und anderen Gütern schränkte das Leben zwar ein, aber man konnte sich noch gut versorgen.

Ende August 1944 kehrte der Krieg an den Oberrhein zurück, als sich die Westfront der deutschen Grenze näherte. Nachdem die alliierten Truppen die Wehrmacht im August und September schon sehr weit aus Frankreich herausgedrängt hatten, beschlossen sie, möglichst den »Westwall« zu durchbrechen. Die Bunker des Westwalls wurden wieder von der deutschen Armee besetzt. Die Bevölkerung Breisachs, vor allem Frauen und Jugendliche, wurde zu Schanzarbeiten im Rheinwald herangezogen und war dabei Fliegerangriffen ausgesetzt, die sich mehr und mehr häuften. Am 31. Oktober 1944 kam es am Nachmittag zu dem ersten direkten Luftangriff auf die Stadt, bei dem das Gutgeselltor sowie 15 weitere Gebäude schwer beschädigt und mehrere Menschen getötet oder schwer verletzt wurden. Dieses Bombenangriffs wird alljährlich durch das Läuten der Münsterglocken gedacht.

Immer mehr deutsche Truppen auf dem Rückzug kamen aus dem Elsass über den Rhein. Die noch intakten Brücken wurden zunehmend das Ziel von Luftangriffen, was viele Todesopfer forderte. Viele Breisacher verließen die Stadt in der Hoffnung, anderswo bei Verwandten unterzukommen. Die noch verbliebenen Männer zwischen 14 und 60 Jahren wurden zum Volkssturm eingezogen und hastig halbwegs militärisch ausgebildet. Die Zivilbevölkerung zog sich im Laufe des Herbstes mehr und mehr in die Luftschutzkeller und Felsenhöhlen zurück. Die riesigen Keller der Sektkellerei Geldermann wurden zur »Stadt unter der Stadt«. Sowohl der Bürgermeister als auch die Sparkasse und die Volksbank hatten ihre Büros dorthin verlegt. Ebenso waren dort eine Krankenstation und ein Schutzraum für die Bevölkerung eingerichtet. Auch eine Felsenhöhle im Eckartsberg in der Spitalgasse wurde als Luftschutzkeller genutzt. Diese Höhle existiert noch, sie ist aber nicht öffentlich zugänglich. Dort gab es einen Kochherd, Schlafgelegenheiten, und auch das Allerheiligste aus dem Münster war dort untergebracht.

Im Dezember 1944 wurde erneut ein Teil der Zivilbevölkerung evakuiert, diesmal nach Donaueschingen. Anders als bei den früheren Evakuierungen fanden die Breisacher dieses Mal aber keine freundliche Aufnahme. Weder gab es für sie etwas zu essen, noch waren Quartiere bereitgestellt. Die meisten Evakuierten kehrten deshalb noch im Dezember zurück. Breisach erlitt bis zum Jahreswechsel weitere massive Schäden durch Luftangriffe und mehrere Flugzeuge, die auf die Stadt stürzten. Die Stadt fand sich in der Rolle als Verteidigungsstellung am Rhein wieder. Nur war Breisach diesmal keine starke Festung, sondern eine hilflose Kleinstadt, in der das Militär hastig Flakgeschütze und andere Geschützstellungen installierte.

Anfang 1945 kam auch noch Artilleriebeschuss zu den Luftangriffen hinzu. Die alliierten Truppen rückten unaufhaltsam auf den Rhein und Breisach zu und eroberten im Elsass Dorf um Dorf. Am 2. Februar wurde die totale Räumung der Stadt angeordnet. Unter diesen Umständen war eine organisierte Evakuierung nicht mehr möglich. Die Breisacher flohen mit wenigen Habseligkeiten zu Fuß nach Ihringen, von wo noch Züge fuhren. Nun waren nur noch Militärpersonal, der Volkssturm und um die 30 Zivilisten in der Stadt, darunter der unverwüstliche Stadtpfarrer Hugo Höfler.

Die nächsten Tage besiegelten den Untergang der Stadt. Ungefähr 130 Fliegerangriffe mit Bombenabwürfen und heftiger Artilleriebeschuss legten Breisach in Schutt und Asche. Die nachfolgenden Brände, die von den wenigen Menschen in der Stadt nicht mehr gelöscht werden konnten, taten ihr Übriges. Am 6. Februar brannte auch das Münster, am Tag darauf verließ Hugo Höfler die Stadt. Bis Mitte April kam es in der Region zu erbitterten Kampfhandlungen, an denen auch der Breisacher Volkssturm beteiligt war. Dieser sprengte Ende März die Eisenbahnbrücke. Seit diesem Tag gibt es keine Eisenbahnverbindung zwischen Breisach und dem Elsass mehr, allerdings bestehen Pläne, eine neue Verbindung bis Ende der 2030er Jahre wieder zu bauen. Bis zum 19. April lag die Stadt weiter unter starkem Beschuss. Die meisten Gebäude wurden schwer getroffen und weitgehend zerstört. Auch das Münster erlitt schwere Schäden. Die deutschen Soldaten hatten die Bunker des Westwalls bei Breisach längst geräumt. Nun verließen auch die letzten Mitglieder des Volkssturms die Stadt. In Breisach befanden sich jetzt nur noch 50 bis 60 Personen, die trotz aller Not ausgehalten hatten.

Am 21. April erschienen französische Panzer vor dem Kupfertor und durchschossen die dortigen Panzersperren. Der Kaufmann Albert Ziehler, der direkt am Kupfertor wohnte, ging mutig mit einer weißen Fahne in der Hand auf die Panzer zu. Er sprach Französisch und konnte den Soldaten glaubhaft versichern, dass sich kein deutscher Soldat mehr in der Stadt aufhielt und die Straßen nicht vermint waren. Die Franzosen setzten ihn mit seiner weißen Fahne auf die Kühlerhaube eines Jeeps und fuhren mit ihm an der Spitze des Konvois von Panzern in die Stadt hinein. Somit übergab Albert Ziehler in eigener Verantwortung die Stadt friedlich und ersparte ihr so weiteren Beschuss. In Breisach war der Krieg damit vorbei.

Der Wiederaufbau

Breisach lag in Trümmern. Wie schon 150 Jahre zuvor bei der großen Zerstörung von 1793 konnte man sich kaum vorstellen, dass die Stadt diese Katastrophe überstehen konnte. Am 23. Mai 1945 kehrte Stadtpfarrer Hugo Höfler nach Breisach zurück – er hatte das Kriegsende bei seinen Verwandten in Radolfzell verbracht. Sein Tagebucheintrag spiegelt seine Fassungslosigkeit beim Anblick der Stadt wider: »Ein Bild der Verwüstung und Zerstörung bot sich mir. Mit Ausnahme der neuen Häuser am Bahnhof standen rechts und links, soweit das Auge schaut neben den Straßen an Stelle der einst heimeligen Wohnstätten mit den lieben, guten Menschen öde, verlassene, ausgebrannte Mauerreste. […] Ich war erschüttert über den Anblick. Meine Füße wollten mir den Dienst versagen. Dann ging ich den Berg empor, in die Oberstadt, ebenfalls Ruinen, das Präbendhaus, Amtsgericht und so weiter. Der Boden aufgewühlt von Granatlöchern mit herabgerissenen Ästen und herabgefallenem Mauerwerk.«

Wie sollte es angesichts dieser maßlosen Zerstörung mit der Stadt nur weitergehen? 85 Prozent aller Gebäude waren zerstört, darunter alle öffentlichen Gebäude. Es gab keine Schulen mehr, kein Krankenhaus, kein Rathaus und kaum noch Wohnraum. Die alten Tore und Türme, die evangelische Kirche und das Münster waren nur noch Ruinen.

Als die Bevölkerung in den nächsten Wochen nach Kriegsende langsam nach Breisach zurückkehrte, mussten viele feststellen, dass der Großteil ihrer beweglichen Habe, die sie bei ihrer Flucht zurücklassen mussten, geplündert worden war. Leider hatten manche der französischen Besatzungstruppen, darunter Kolonialregimenter aus Tunesien und Marokko, das Wenige, was den Breisachern noch geblieben war, gestohlen. In den ersten drei Monaten nach Übergabe der Stadt kam es auch zu häufigen nächtlichen Brandstiftungen, bei denen 145 noch stehende Gebäude und vor allem die Tapetenfabrik Erismann in Flammen aufgingen. Bedrohungen, Angriffe und sogar Vergewaltigungen versetzten die Breisacher in große Angst, als sich der Hass der französischen

Truppen auf die ehemaligen Besatzer Frankreichs über der Zivilbevölkerung entlud. Auf der anderen Seite gab es aber auch eine Menge französischer Soldaten, die den Breisachern helfen wollten, beim Wiederaufbau von Gebäuden Hand anlegten und sich schützend vor die Einwohner der Stadt stellten. Die französische Militärverwaltung griff zudem schließlich hart durch, sodass Ruhe in der Stadt einkehrte und die Breisacher sich der riesigen Aufgabe zuwenden konnten, ihre Stadt wieder aufzubauen.

Der französische Ortskommandant setzte zuerst den mutigen Kaufmann Albert Ziehler vorübergehend als Bürgermeister ein, nicht zuletzt, weil dieser fließend Französisch sprach. Er wurde im Juni 1945 von August Ehrlacher abgelöst, der sich hauptsächlich mit den Problemen des Wiederaufbaus auseinandersetzte: Es mangelte an Geld, Baumaterial und so ziemlich allem, was für den Alltag notwendig war. Den heimgekehrten Breisachern fehlte es häufig an Mut und Zuversicht angesichts des Trümmerfelds, das einmal ihre Stadt gewesen war. Ehrlacher schaffte es, die Bevölkerung auf regelmäßigen Einwohnerversammlungen moralisch aufzurichten und zu ermutigen: »Breisach muss wieder auferstehen«. Seine Bemühungen wurden ab 1948 von seinem Nachfolger Josef Bueb weitergeführt.

August Ehrlachers Tatkraft war bewundernswert. Er organisierte eine Weinsammlung im Kaiserstuhl und am Tuniberg – Breisacher Bürger begaben sich mit Gefäßen auf von Ehrlacher organisierten LkWs in die Winzerdörfer und sammelten bei den Winzern Wein. Daraus wurde ein »gemischter Satz« geschaffen, der sich gut verkaufen ließ. Der Erlös von 20.000 Reichsmark kam dem Wiederaufbau der Stadt zugute. Um kreative Ideen war Ehrlacher nicht verlegen, wenn es darum ging, Breisach wieder auferstehen zu lassen.

Trotz allem guten Willen und aller Bereitschaft der Bevölkerung, der zerstörten Stadt wieder Leben einzuhauchen, waren die ersten zehn Jahre nach dem Krieg von Not, Hunger und Mangel geprägt. Der Stadt fehlte es an Industrie und anderen Einnahmequellen.

Auch der Stadtpfarrer Hugo Höfler ging in den Wochen nach Kriegsende daran, alles zu tun, um die Not seiner Ge-

SPUREN DES KRIEGES IM MÜNSTER

Noch heute finden sich im Breisacher Münster Spuren, die Geschichten aus den Kriegsjahren erzählen. 1999 lieferte eine französische Spedition zwei Holzkisten im Hof des Breisacher Pfarrhauses ab. Der damalige Münsterpfarrer Klug fand darin 15 runde, auf Holz gemalte Ölbilder, die durch die Jahreszahl 1626 auf einem der Bilder datiert werden konnten. Die Motive lassen darauf schließen, dass die Bilder zu einem Rosenkranzaltar gehört haben könnten. Ein Brief in einer der Kisten, gerichtet an »Monsieur le Curé«, erklärte, dass ein verstorbener Verwandter des anonymen Verfassers die Bilder nach dem Krieg widerrechtlich an sich genommen und verfügt hatte, dass sie nach seinem Tod zurückgegeben werden sollten. So weit, so gut. Dass direkt nach Kriegsende vieles aus Breisach und auch Gegenstände aus dem Münster verschwunden sind, ist bekannt. Diese 15 Medaillons aber geben bis heute Rätsel auf: Ältere Breisacher, die sich 1999 noch gut an das Münster vor 1945 erinnern konnten, hatten diese Bilder nie gesehen. Auch in früheren Quellen tauchen sie nicht auf. Waren sie unter den vielen Kunstschätzen des Münsters nur zu unbedeutend gewesen, um erwähnt zu werden? Oder wurden sie von der Spedition vor dem falschen Pfarrhaus abgegeben? Bis heute ist das Rätsel um die Bilder, die heute (wieder?) im Münster hängen, nicht gelöst.

Eine weitere Erinnerung an den Krieg findet sich an einem Langhauspfeiler in einer gemalten Kreuzigungsgruppe aus dem Mittelalter. Wenn man den Heiligenschein des gekreuzigten Christus genauer betrachtet, sieht man darin ein kleines Loch. Vor einigen Jahren besuchte ein älterer Herr aus Frankreich das Münster und kam mit der Dame, die den Schriftenstand am Eingang betreute, ins Gespräch. Nach einer Weile beichtete er ihr, dass er für das Loch im Heiligenschein verantwortlich war. Als 18-jähriger Soldat der französischen Besatzungsarmee hatte er mit einer Pistole auf das Bild geschossen, im Freudentaumel darüber, dass der Krieg endlich vorbei war. Das Loch ist geblieben, denn es ist eine eindrucksvolle Erinnerung an den Krieg in Breisach. Vermutlich ist dies auch die einzige Darstellung eines Gekreuzigten mit einem Einschussloch im Heiligenschein.

meinde zu lindern. Am 13. Juni 1945 schreibt er in seinem Tagebuch: »Sammlungen sind erlaubt! Ich werde im August auf eine Bettlerpredigtreise für unser Breisach gehen und sammeln vom Hosenknopf angefangen bis zur Waschmaschine, ebenso werde ich mit den Sammlungen für unser Münster beginnen.« Höflers »Bettelpredigten« in der Region wie auch die Bemühungen des Bürgermeisters führten dazu, dass von Hilfsorganisationen, vor allem der Schweizer Caritas, große Mengen an Hilfsgütern und dringend benötigten Lebensmitteln nach Breisach gebracht wurden, was die Lage zwar nicht völlig entspannte, aber doch bedeutend verbesserte. Ein prägnantes Beispiel für den Mangel an Alltagsgütern zeigt die Feststellung August Ehrlachers im August 1946, dass über 1.000 Breisacher Arbeiter keine Schuhe hatten und barfuß oder in völlig zerrissenem, irreparablem Schuhwerk arbeiteten. Es fehlte schlicht an allem. Sehr langsam wurde die Infrastruktur in und um die Stadt wieder instandgesetzt: Ende Oktober 1945 verkehrten die ersten Züge zwischen Freiburg und Breisach, Stück für Stück wurden wenigstens die wichtigsten Straßen repariert. Es dauerte bis in die frühen 1950er Jahre, bis es wieder Behörden wie ein Amtsgericht, Notariat, Polizei, Straßenmeisterei und Finanzamt in der Stadt gab und man von einer funktionierenden Verwaltung sprechen konnte. Die Volksschule Theresianum auf dem Münsterberg war 1950 wieder aufgebaut. Die anderen Schulen wurden in den folgenden Jahren wieder hergestellt.

Das Verhältnis zu den französischen Besatzungstruppen blieb angespannt. Ausgangssperren, Vorladungen und Verhaftungen, Hausdurchsuchungen und viele andere, häufig als Willkür empfundene Maßnahmen machten der Bevölkerung des Leben schwer. Auf der anderen Seite fanden sich unter den Franzosen aber auch viele Persönlichkeiten, die zu Fürsprechern und Förderern der Stadt wurden, wie Capitaine Maurice Jardot, der sich für den Wiederaufbau des Münsters einsetzte.

Das Münster war durch die Kriegszerstörungen in einem so schlechten Zustand, dass die französische Militärverwaltung die Ruine zunächst sprengen und abtragen lassen wollte. Doch die Breisacher waren nicht bereit, ihr Wahrzeichen aufzugeben. Schon Anfang August 1945 begannen die Aufräumarbeiten, der Schutt wurde aus dem Inneren der Kirche abtransportiert. Im Laufe des nächsten Jahres wurden unter anderem ein neuer Dachstuhl, ein neues Dach und provisorische Fenster geschaffen. Aus Basel kamen als wertvolle Spende Waggons voller Ziegel. Maurice Jardot fuhr bis nach Paris, um die Freigabe von Baumaterial zu erwirken. Höflers Predigten in der gesamten Erzdiözese erbrachten die erstaunliche Summe von 285.000 Reichsmark für den Wiederaufbau des Münsters. Viele Handwerker, Fuhrunternehmer, Jugendliche und andere Breisacher Bürger arbeiteten umsonst auf der Baustelle. 1956 war der Wiederaufbau im Wesentlichen abgeschlossen. Das Münster thronte wieder als Wahrzeichen über der Stadt.

Aufbruch in die Zukunft

Neubeginn und Wiederaufbau bestimmten bis zum Ende der 1950er Jahre das Leben in Breisach.

Gerade weil Breisachs Geschichte über Jahrhunderte stark durch das Verhältnis zu Frankreich geprägt worden war, begann man auch in Breisach die Beziehungen zu den Nachbarn zu intensivieren. Trotz des vielen Unrechts und Leids, das in den frühen Jahren unter französischer Besatzung geschehen war, besserten sich die Beziehungen Breisachs zu den Franzosen im Laufe der Zeit. Das hatte auch Auswirkungen auf die Meinung der Breisacher zu einem ganz neuen Thema: der Idee eines vereinigten Europas. Im Nachgang des Zweiten Weltkriegs waren in allen europäische Ländern Vereinigungen wie die Internationale Europäische Bewegung und die Europaunion gegründet worden, welche die Idee des Vereinigten Europas zur Friedenssicherung vorantrieben. Im Januar 1950 wurde beschlossen, im Rahmen von freiwilligen Volksabstimmungen die Bevölkerung Europas zu ihrer Meinung zu befragen. In Deutschland wurden dafür drei sehr unterschiedliche Städte

»Europa greift nach den Sternen« – im Jahr 2000 schuf der Breisacher Bildhauer Helmut Lutz diese Skulptur für den Münsterplatz in Erinnerung an das 50-jährige Jubiläum der Europaabstimmung. ▶

ausgewählt: die Großstadt Bremen im Norden, die Kleinstadt Breisach im Südwesten und Castrop-Rauxel, eine industriell geprägte Stadt im Ruhrgebiet. Vor allem Bürgermeister Josef Bueb hatte Breisach als Abstimmungsort ins Spiel gebracht – als Grenzort im Dreiländereck war Breisach regelrecht prädestiniert dafür.

Am 9. Juli 1950 durften also die Breisacher über folgende Frage abstimmen: Sind Sie für die Beseitigung der politischen und wirtschaftlichen Grenzen innerhalb Europas und für den Zusammenschluss aller europäischen Völker zu einem europäischen Bundesstaat? Die Frage lag den Breisachern offenbar am Herzen, denn 87,5 % der wahlberechtigten Breisacher nahmen an der Volksbefragung teil. Das Ergebnis war eindeutig: 95,6 % der Abstimmenden sprachen sich für ein vereinigtes Europa aus. Seither darf Breisach sich Europastadt nennen, und 1964 wurde der Stadt offiziell vom Europarat die europäische Fahne verliehen, die seitdem auf dem Eckartsberg über der Stadt weht.

Breisach ist bemüht, den Titel »Europastadt« mit Sinn auszufüllen: Im Jahr 1960 wurde die Stadt St. Louis im Oberelsass Breisachs Partnerstadt, wie schon seit Jahrhunderten waren die Nachbarn am westlichen Rheinufer das erste Ziel der Breisacher für eine Annäherung. Neuf-Brisach, der Ort, mit dem Breisach so viel Geschichte verbindet, wurde 2000 die zweite Partnerstadt; mit Oswiecim (dt. Auschwitz) in Polen kam 2009 eine dritte hinzu. Grenzüberschreitende Projekte wie »Infobest«, eine deutsch-französischen Beratungsstelle für Grenzgänger, und das 2022 eröffnete Kulturzentrum Art'rhena auf der Rheininsel zeigen die starke Bindung Breisachs an den europäischen Gedanken.

Im Mai 1997 zogen dann die letzten französischen Soldaten aus Breisach ab, doch längst waren aus den einstigen Besatzern Freunde geworden. Mit einer großen Feier wurde das 53. Artillerieregiment als letzte Einheit der französischen Garnison verabschiedet.

Die späten Jahrzehnte des 20. Jhs. sollten in Breisach eine Zeit des Wachstums und des steigenden Wohlstands werden. Viele große Bauvorhaben wurden ab den 1980er Jahren in An-

Blick auf Breisach vom linken Rheinufer. Die Stadt ist heute als idyllisches Ausflugsziel für kulturell Interessierte und Aktivtouristen in der Region bekannt.

griff genommen – vom Rosmann-Krankenhaus (heute zu den Helios-Kliniken gehörend) über die Erweiterung des Rheinhafens bis hin zum Deutsch-Französischen Kindergarten. Die Innenstadt erfuhr umfassende Neugestaltungen, und die Stadt wuchs mit neuen Gewerbe- und Wohngebieten im Norden, Osten und Süden der Stadt über ihre alten Grenzen hinaus.

Im Jahr 2000 wurde anlässlich des 50-jährigen Jubiläums der Europaabstimmung die Skulptur »Europa greift nach den Sternen« des Breisacher Bildhauers Helmut Lutz enthüllt. Sie verbindet die griechische Sage der Namensgebung des europäischen Kontinents mit dem Ringen um das Ideal eines geeinten Europas. Gegenüber steht das Breisacher Münster auf den im Pflaster angedeuteten Fundamenten des Prätoriums des Römerkastells Mons Brisiacus. So fasst der Münsterplatz die Geschichte der Stadt zusammen: Seit über 1.650 Jahren trotzt Breisach in einer Region, die nach vielen Kriegen zum Frieden gefunden hat, dem Zahn der Zeit, bewahrt seine Geschichte und entwickelt sich weiter. Und über allem wacht weithin sichtbar das Breisacher Münster.

Anhang

Zeittafel

ab 2. Jh. v. Chr.	Keltische Siedlung Breisach-Hochstetten
1. Jh. v. Chr.	Keltische Siedlung auf dem Breisacher Münsterberg belegt
um 30 v. Chr.	Aufgabe der keltischen Siedlungen
um 270 n. Chr.	Römische Besiedlung des Breisacher Münsterbergs, Gründung des spätrömischen Kastells Mons Brisiacus
369 n. Chr.	Besuch des Kaisers Valentinian I., erste schriftliche Erwähnung des Mons Brisiacus im *Codex Theodosianus*
Anfang 5. Jh.	Aufgabe des römischen Kastells Mons Brisiacus. Auf dem Berg blieb eine kleine Zivilsiedlung bestehen
938	Erste schriftliche Erwähnung seit Ende des römischen Kastells durch den Chronisten Liutprand von Cremona
939	Belagerung Breisachs durch König Otto I. Breisach wird Herzog Herrmann von Schwaben zu Lehen gegeben
um 1000	Breisach geht in den Besitz des Bistums Basel über
1143	Erste schriftliche Erwähnung einer Kirche auf dem Berg
1185	Bischof Heinrich I. von Basel tritt die Hälfte des Breisacher Berges sowie die Hälfte des Eckartsbergs an König Heinrich VI. ab
um 1185	Baubeginn des Breisacher Münsters
1198–1218	Breisach wird an Herzog Berthold V. von Zähringen verpfändet. Bau des Radbrunnens, Bau der Burg am Nordende des Berges sowie Anlage des Straßennetzes auf dem Berg
1218–1254	Nach dem Tod Berthold V. von Zähringen fällt Breisach zurück an die Staufer
1254–1273	Zweite Herrschaft des Bischofs von Basel über Breisach
1273–1331	Breisach wird Reichsstadt
1275	Rudolf I. von Habsburg gibt Breisach ein neues Stadtrecht
um 1300	Bau der Rheinbrücke, des Spitals und des Franziskanerklosters
1331	Breisach wird an die vorderösterreichischen Herzöge Albrecht und Otto von Habsburg verpfändet
1349	Während eines Pestpogroms wird die jüdische Gemeinde ermordet
1415	Der (Gegen-)Papst Johannes XXIII. flieht aus Konstanz und wird nach einer Odyssee durch Südbaden in Breisach festgenommen

um 1450	Eine weitere Stadtmauer wird gebaut, die die stark gewachsene Unterstadt miteinschließt
1469–1474	Breisach wird an Herzog Karl den Kühnen von Burgund verpfändet. Landvogt Peter von Hagenbach errichtet eine Schreckensherrschaft in Breisach
1474	Herzog Sigmund der Münzreiche löst Breisach aus, die Stadt wird wieder Teil Vorderösterreichs. Peter von Hagenbach wird nach einem aufsehenerregenden Prozess zum Tode verurteilt und vor dem Kupfertor enthauptet
1489–1491	Martin Schongauer wird Breisacher Bürger und malt die Darstellung des Jüngsten Gerichts im Westteil des Münsters
1494	Beendigung des Münsterbaus
1496	Fertigung des Silberschreins für die Reliquien der Stadtpatrone durch Peter Berlyn
1496	Herzog Sigmund der Münzreiche stirbt. Er wird von Kaiser Maximilian I. beerbt. Dieser beginnt, Breisach zur Festung umzubauen
1523–1526	Meister HL schafft den Hochaltar für das Breisacher Münster
1525	Frühjahr: Breisach wird während des Bauernkrieges von Bauernhaufen belagert, kann aber mit diplomatischem Geschick Schaden von der Stadt abwenden. Das Kloster Marienau wird ohne Genehmigung des Landesherrn aufgehoben und abgebrochen
16. Jh.	2. Hälfte: Weiterer Umbau der Stadt zur Festung
um 1600	Hexenverfolgungen in Breisach
1618	Zu Beginn des Dreißigjährigen Krieges ist Breisach die stärkste militärische Festung am Oberrhein und wird als »Schlüssel zum Reich« bezeichnet
1624	Gründung des Kapuzinerklosters
1632	Belagerung der Festung durch die Schweden. Der spanische General Gomez Suarez de Figueroa, Herzog von Feria, befreit Breisach im Juli
1638	Letzte erwähnte Inhaftierung von Hexen
1638	Ab März: Belagerung durch die Truppen des Herzogs Bernhard von Sachsen-Weimar Dezember: Kapitulation der Stadt, Herzog Bernhard übernimmt die Herrschaft über Breisach
1639	18. Juli Herzog Bernhard von Sachsen-Weimar stirbt in Neuenburg am Rhein
1640	Breisach wird unter französische Verwaltung gestellt, gehört aber offiziell nach wie vor zu Vorderösterreich
1648	Ende des Dreißigjährigen Kriegs. Im Westfälischen Frieden wird Breisach dem Königreich Frankreich zugesprochen
ab 1660	Unter der Herrschaft von König Ludwig XIV. von Frankreich wird Breisach weiter zur Festung ausgebaut
1681	Vollendung des Festungsbaus

1697	Nach Ende des Pfälzischen Erbfolgekriegs kommt es zum Frieden von Rijswijk
1699–1703	König Ludwig XIV. lässt die Festung Neuf-Brisach auf dem linken Rheinufer gegenüber von Breisach errichten
1700	Breisach wird an die Habsburger zurückgegeben
1703	Während des Spanischen Erbfolgekriegs wird Breisach von den Franzosen belagert. Der Gouverneur der Festung Graf Johann Philipp von Arco kapituliert nach wenigen Wochen und übergibt die Festung an die Franzosen
1713	Der Friedensvertrag von Rastatt sieht die Rückgabe der Festung Breisach an Österreich vor
1715	Breisach wird an Österreich zurückgegeben
1741	Anfang Juli: Kaiserin Maria Theresia beschließt, die Festung Breisach aufzugeben. Breisach wird zu einer unwichtigen Landstadt und verarmt
1744	Breisach wird von der französischen Armee ohne jegliche Gegenwehr erobert, die Truppen ziehen aber eineinhalb Jahre später wieder ab
1782	Die letzten Reste der Breisacher Burg werden abgetragen
1793	September: Breisach wird vier Tage lang von den Franzosen beschossen and fast völlig zerstört
1803–1805	Breisach und der gesamte Breisgau werden Teil des kurzlebigen Herzogtums Modena-Breisgau
1806	Breisach wird Teil des Großherzogtums Baden
1806	Pantaleon Rosmann wird Pfarrer in Breisach. Mit seinem Privatvermögen baut er das Spital wieder auf und beseitigt die Schäden von 1793 am Münster
1807	Breisach wird Oberamt
1823	Auf dem Gelände des ehemaligen Franziskanerklosters wird ein Amtshaus mit Gefängnis gebaut
1838	Gründung der Tapetenfabrik Erismann, Produktion im Rheintor. In der Unterstadt am Fuß des Münsterberges entstehen Wohn- und Geschäftsviertel
1848–1849	Revolution in Baden, in deren Nachgang bis 1852 preußische Truppen in Breisach stationiert werden
1853	Gründung der »Öffentlichen Spar-Cahse«
1858	Umzug der Tapetenfabrik Erismann in die Richard-Müller-Straße
1862	Durch das badische Gewerbegesetz werden die mittelalterlichen Zünfte aufgehoben und durch freiwillige Handwerkervereinigungen ersetzt
1870/71	Während des Deutsch-Französischen Kriegs wird Breisach im November 1870 neun Tage lang von den Franzosen beschossen, wodurch u. a. das Münster schwer beschädigt wird
1871	Nach Kriegsende wird das Elsass Teil des Deutschen Kaiserreichs, Breisach ist keine Grenzstadt mehr

1878	Die Eisenbahnstrecke Freiburg–Breisach–Colmar wird in Betrieb genommen
1879	Besuch Kaiser Wilhelms I. mit seiner Gemahlin Augusta in Breisach
1893	In Breisach wird eine Garnison eingerichtet, was zu einem »Bauboom« und einem generellen Wirtschaftsaufschwung führt
1893	Das erste Automobil kommt nach Breisach
1895–1901	Zwischen dem Neutorplatz und dem Bahnhof entsteht ein völlig neuer Stadtteil
1901–1908	Bau einer modernen Wasserversorgung und Kanalisation
1904	Errichtung der ersten evangelischen Kirche
1914	Einführung elektrischen Stroms
1914–1918	Während des Ersten Weltkriegs leidet Breisach unter Einquartierungen und kriegsbedingten Einschränkungen. Die befürchtete französische Invasion bleibt aus, auf badischem Gebiet finden keine Kampfhandlungen statt. 85 Breisacher Soldaten sterben im Krieg
1918	11. November: Waffenstillstand von Compiègne. Breisach liegt in der neutralen entmilitarisierten Zone, die Garnison muss abziehen
1919	Durch die Bestimmungen den Versailler Vertrags wird das Elsass wieder französisch, Breisach ist wieder Grenzstadt. Breisach wird einer von fünf Grenzbahnhöfen am Oberrhein. Frankreich wird die wirtschaftliche Nutzung des Rheins im Oberrheingebiet zugesprochen
1921–23	Bau der »Elsässer Häuser«
1925	Die Sektkellerei Deutz & Geldermann lässt sich in Breisach nieder
1924	Gründung des Festspielvereins, der bis heute die Breisacher Festspiele organisiert
1930	Gründung der Ortsgruppe der NSDAP, der Malermeister Rudolf Diodone wird Ortsgruppenleiter; im Gasthaus »Stadt Freiburg« findet zum ersten Mal eine öffentliche Sitzung der NSDAP statt
1933	5. März: Nach den Reichstagswahlen wird die NSDAP stärkste Partei in Breisach. Bürgermeister Adolf Meyer wird zum Rücktritt gezwungen
1933	Der Stadtrat lässt den Langen Weg und die Goldengasse für den Motorverkehr ausbauen
1938	Frühjahr: Hermann Göring besucht Breisach. Innerhalb eines Jahres werden 117 Bunker in der Gemarkung Breisach gebaut
1939	September: Die Breisacher Zivilbevölkerung wird zum ersten Mal evakuiert. Nach einigen Wochen kehren die Evakuierten auf eigene Faust wieder in die Stadt zurück

1940	Mai: Bei Breisach und Sasbach am Kaiserstuhl wird der Rheinübergang der deutschen Truppen vorbereitet und im Juni vollzogen. Ende Mai wird Breisach erneut evakuiert, die Einwohner kehren Ende Juni wieder zurück. Breisach erleidet in dieser Zeit die ersten Kriegsschäden
1940	22. Oktober: Die jüdische Gemeinde Breisachs wird nach Gurs deportiert
1944	31. Oktober: Erster direkter Bombenangriff auf Breisach, das Gutgeselltor sowie einige andere Gebäude werden schwer beschädigt und mehrere Menschen getötet
1944	Dezember: Dritte Evakuierung der Breisacher Zivilbevölkerung, zunehmender Artilleriebeschuss der Stadt
1945	2. Februar: Die vollständige Räumung der Stadt wird angeordnet
	Februar: 130 Fliegerangriffe mit Bombenabwürfen und starker Artilleriebeschuss legen Breisach in Schutt und Asche, auch das Münster brennt
1945	21. April: Französische Panzer fahren in Breisach ein. Der Zivilist Albert Ziehler übergibt die Stadt an die Franzosen
	Juni: August Ehrlacher wird Bürgermeister
	August: Der Wiederaufbau des Münsters wird begonnen
1950	Freiwillige Volksabstimmung zur Europäischen Vereinigung in Breisach: 96 % der Abstimmenden sprechen sich für ein vereinigtes Europa aus
1960	St. Louis im Oberelsass wird Partnerstadt von Breisach
1997	Mai: Abzug der letzten französischen Soldaten aus Breisach
2000	Neuf-Brisach wird Partnerstadt von Breisach
2000	Anlässlich des 50-jährigen Jubiläums der Europaabstimmung wird die Skulptur »Europa greift nach den Sternen« des Breisacher Bildhauers Helmut Lutz enthüllt
2009	Oswiecim in Polen wird Partnerstadt von Breisach
2022	Eröffnung des deutsch-französischen Kulturzentrums Art'rhena auf der Rheininsel
	Breisach hat 16.103 Einwohner

Literaturverzeichnis

Balzer, Ines, Neues vom Breisacher Münsterberg in frühkeltischer Zeit. In: Archäologische Nachrichten aus Baden, Band 64, 2001, S. 9–14.

Balzer, Ines, Chronologisch-chorologische Bemerkungen zum »Fürstensitz« auf dem Breisacher Münsterberg. In: D. Krausse (Hrsg.), »Fürstensitze« und Zentralorte der frühen Kelten. bschlusskolloquium des DFG-Schwerpunktprogramms 1171 in Stuttgart, 12.–15. Oktober 2009. Forschungen und Berichte zur Vor- und Frühgeschichte in Baden-Württemberg (Stuttgart).

Blöck, Lars, Die römerzeitliche Besiedlung im rechten südlichen Oberrheingebiet. Forschungen und Berichte zur Archäologie in Baden-Württemberg, Band 1, Esslingen 2016.

Blöck, Lars / Zagermann, Marcus, Vom Hinterland zur Grenzzone – Das südliche Oberrheingebiet zwischen 200 und 300 n. Chr. In: C. S. Sommer / S. Matesič (Hrsg.), Limes XXIII. Proceedings of the 23th International Congress of Roman Frontier Studies Ingolstadt 2015. Beitrag Welterbe Limes, Sonderband. 4 I, Mainz 2018, S. 462–471.

Bremm, Klaus-Jürgen, 70/71. Preußens Triumph über Frankreich und die Folgen, Darmstadt 2019.

Bueb, Josef, Das Hirtenhorn ruft: »Die Stadt muss wiedererstehen«, Breisach am Rhein 1968.

Bueb, Josef, Stadt Breisach am Rhein. Brandkatastrophe Frühjahr 1945. Zerstörung und Wiederaufbau, Breisach am Rhein 1964.

Bücker, Christel, Frühe Alamannen im Breisgau.

Bücker, Christel, Der Breisacher Münsterberg. Ein Zentralort im frühen Mittelalter, Rahden/Westf. 2007.

Clorer, Anton, Breisach. Seine Vergangenheit und Gegenwart, Freiburg 1883.

Deutsche Gesellschaft für Festungsforschung e. V. (Hrsg.), Festungsbaukunst in der Mitte Europas, Regensburg 2011.

Geuenich, Dieter, Geschichte der Alemannen, Stuttgart 1997.

Haasis-Berner, Andreas, Konfliktarchäologie. Der Oberrhein als Kriegsgebiet im 17. und 18. Jahrhundert. In: Landesamt für Denkmalpflege im Regierungspräsidium Stuttgart (Hrsg.), Denkmalpflege in Baden-Württemberg: Nachrichtenblatt der Landesdenkmalpflege, Band 47 Nr. 2, 2018, S. 119–124.

Haselier, Günter, Geschichte der Stadt Breisach am Rhein. Von den Anfängen bis zum Jahre 1700. 1. Halbband, Breisach am Rhein 1969.

Haselier, Günter, Geschichte der Stadt Breisach am Rhein. Der Niedergang Breisachs von 1700 bis 1890, 2. Band, Breisach am Rhein 1971.

Haselier, Günter, Geschichte der Stadt Breisach am Rhein. Der Sturz in den Abgrund 1890 bis 1945. 3. Band, Breisach am Rhein 1985.

Hoeper, Michael, Alamannische Siedlungsgeschichte im Breisgau, Rahden/Westf. 2001.

Höfler, Hugo, Kriegstagebücher, unveröffentlichtes Manuskript, Stadtarchiv Breisach.

Huber, August, Basels Anteil an den Breisacher Unruhen in den Jahren 1652–1654. In: Basler Zeitschrift für Geschichte und Altertumskunde, Band 1, 1902, S. 269–295.

Jankrift, Kay Peter, Das große sterbote. Seuchen am Oberrhein in Mittelalter und Frühe Neuzeit. In: Geschichtsverein Markgräflerland e.V. (Hrsg.), Das Markgräflerland: Beiträge zu seiner Geschichte und Kultur, 2007, Heft 2, S. 72–84.

Jenisch, Bertram / Haasis-Berner, Andreas / Regnath, Johanna / Konold, Werner, Im Krieg ist weder Glück noch Stern. Barocke Festungen, Schanzen und Schlachtfelder am südlichen Oberrhein, Ostfildern 2021.

Kalchthaler, Peter, Freiburg. Kleine Stadtgeschichte, Regensburg [3]2021.

Kammerer, Odile, Der Rhein im Mittelalter und in der Frühen Neuzeit. Nutzen und Gefahr. In: Geschichtsverein Markgräflerland e.V. (Hrsg.), Das Markgräflerland: Beiträge zu seiner Geschichte und Kultur, 2007, Heft 2, S. 110–130.

Klein, Gebhard, Breisach. Inbegriff der Kriegsleiden. Endingen am Kaiserstuhl 1980.

Klein, Gebhard, Breisach im Dritten Reich – ein Versuch, unveröffentlichtes Manuskript, Stadtarchiv Breisach, 1995.

Klein, Gebhard, Aus Breisachs Vergangenheit und Gegenwart. Geschichten, Sagen und Erzählungen, Breisach am Rhein 2002.

Kleßmann, Eckart, Napoleon und die Deutschen, Berlin 2007.

Kunze, Peter, Baden und der »vergessene« Krieg vor 150 Jahren. In: Badische Heimat 2020, Heft 4, S. 422–430.

Neisen, Robert / Eisen, Markus (Hrsg.), Der Erste Weltkrieg am Oberrhein, Freiburg i. Br., Berlin, Wien 2015.

Rosmann, Pantaleon / Ens, Faustin, Geschichte der Stadt Breisach, Freiburg im Breisgau 1851.

Sauer, Paul, Napoleons Adler über Württemberg, Baden und Hohenzollern, Stuttgart, Berlin, Köln, Mainz 1987.

Schmaedecke, Michael, Der Breisacher Münsterberg. Topographie und Entwicklung, Stuttgart 1992.

Schneider, Daniel, Umkirch und der Breisgau im Ersten Weltkrieg. Erfahrungen und Alltag zwischen Monarchie und Demokratie, Freiburg i. Br./Berlin/Wien 2022.

Schneller, Daniel / Lassau, Guido (Hrsg.), Basel und der Dreissigjährige Krieg. Zuwanderung, Zerstörung, Festungsbau und neue Konzepte im Städtebau und Bauwesen Europas vom 16. bis zum 18. Jahrhundert, Basel 2021.

Schwineköper, Berent, Klosteraufhebungen als Folge von Reformation und Bauernkrieg im Habsburgischen Vorderösterreich. In: Breisgau-Geschichtsverein Schauinsland (Hrsg), Schau-ins-Land: Jahresheft des

Breisgau-Geschichtsvereins Schauinsland, 1978, S.61–78.

Stork, Ingo, Die spätkeltische Siedlung von Breisach-Hochstetten, Stuttgart 2007.

Wendling, Holger, Der Münsterberg von Breisach in der Spätlatènezeit. Siedlungsarchäologische Untersuchungen am Oberrhein. In: Landesamt für Denkmalpflege im Regierungspräsidium Stuttgart (Hrsg.), Materialhefte zur Archäologie in Baden-Württemberg, Band 94, Stuttgart 2012.

Zagermann, Marcus, Der Breisacher Münsterberg: Die Befestigung des Berges in spätrömischer Zeit. In: Steuer, Heiko / Bierbrauer, Volker, Höhensiedlungen zwischen Antike und Mittelalter von den Ardennen bis zur Adria. Band 58 der Reihe Ergänzungsbände zum Reallexikon der Germanischen Altertumskunde, 2008, S. 165ff.

Zagermann, Marcus, Der Münsterberg in Breisach III, München 2010.

A
B
Industriegebiet Isenberg IV
Industriegebiet Isenberg III
Industriegebiet Isenberg I
Industriegebiet Isenberg II
Rhein
Himmelstiege
Geldermannstr.
Klärwerk
Hafenstraße
Straßburger Straße
Biesheimer Str.
Neu-Breisacher Str.
Kindergarten Kohlerhof
Christmannshof
Christmannsweg
Gerberstr.
Küferstr.
Kesslerstr.
Krummholzstraße
Burkheimer Landstraße
Hafenstraße
Kühnheimer Str.
Meisennest
Hildegraben
Volgelsheimer Str.
Bötzinger Str.
Endinger Str.
Vogtsburger Straße
Vogesenstraße
Lohmühle
Brunnelweg
Kohlerhof
Kaiserstuhlstraße
Basler Str.
Ensisheimer Str.
Colmarer Str.
Städt. Bauhof u. Stadtgärtnerei
Algolsheimer Str.
Behördenzentrum
THW
Europaplatz
Internat
Gewerbeschule
Carsharing
Feuerwehr
Polizei
Jugendzentrum
Mühlheimer Str.
Elsässer Allee
Sportplatz
Waldstr.
Wiedengrün
Isenbergstraße
Neuer Israel. Friedhof
Jakobschanze
Robert-Moritz-Weg
Gewerbeschule Kfz-Halle
Engelin-Str.
Fritz-Roth-Str.
Hilde-Menzer-Str.
Franz-Sigrist-Str.
Spiegelhalder-Weg
Spichgrünweg
Vaubanstr.
Burkheimer Landstr.
Maria-Montessori-Grundschule
Maria-Montessori-Str.
Leopoldschanze
Waldstraße
Synagogenpl.
Alter Israel. Friedhof
Schlosspl.
Carsharing
Kupfertor
Kupfertorplatz
Ehem. Jüd.Gem.-haus
Zähringerstraße
Hohenzollernstraße
Eichendorffstr.
Saarlandstr.
Kantstraße
Rheintorstraße
Sternenhofgasse
Rheintorplatz
Kirche, neuap.
Tullaturm
Schlosspl.
Kupfertorstraße
Muggensturmstr.
Am Schlossberg
August-Ehrlacher-Str.
Seniorenpflegeheim
Friedhofallee
Städt. Friedhof
Half-Pipe
Schwanenstr.
Rheintor Stadtmuseum
Schwanenweiher
Langer Weg
Augustinerberg
Tullaga.
Goldenga.
Radbrunnenallee
Kapuzinergasse
Schlossrain
Geldermann
Clorerstr.
Am alten Winzerkeller
Kupfertorstr.
Deutsch-Französ. Kindergarten St. Josef
Rempartstraße
Neuer Weg
DRK
Helios-Rosmann Klinik
Kapftorstiege
Kapftor
Schwanenrain
Schulga.
Kettengasse
Schule Theresianum
Radbrunnen
Pforrgasse
Muggensturmstr.
Jos.-Schmidlin-Str.
Minigolf
Josef-Bueb-Straße
Fischerhalde
Ursulinenga.
M.-Schongauer-Str.
Amtsgericht
St. Josephskirche
Schänzletreppe
Rathaus
WC+ Beh.WC
Galeerenga.
Erismannstr.
Seniorenwohnanlage Breisach
Rempartstraße
Bajakel
Münsterpl.
Münster St. Stephan
Gutgesellentor
Münsterbergstr.
Breisach-Touristik
Gutgesellentorpl.
Mittelga.
Rich.-Müller-Straße
Sackg.
Hagenbachtor
Metzg.
Neutorstr.
Mühlg.
H.-Ulmann-Pl.
Rheinstr.
Salmeng.
Stuckga.
Martin-Bucer-Kirche
Theo-Bachmann-Pl.
Marktplatz
Grüntorstr.
Spitalgasse
Neutorplatz
Wasser- u. Schifffahrtsamt
Rheinuferstr.
WC+ Beh.WC
Bücherei
WC+ Beh.WC
Grendeltorw.
Ziegelhofgasse
L.-Wohleb-Str.
Martin-Schongauer-Gymnasium
Marienau
Harelungenw.
Arthur-Uhl-Weg
Stadthalle
Jahnstraße
Eckartsberg
Rheinufer

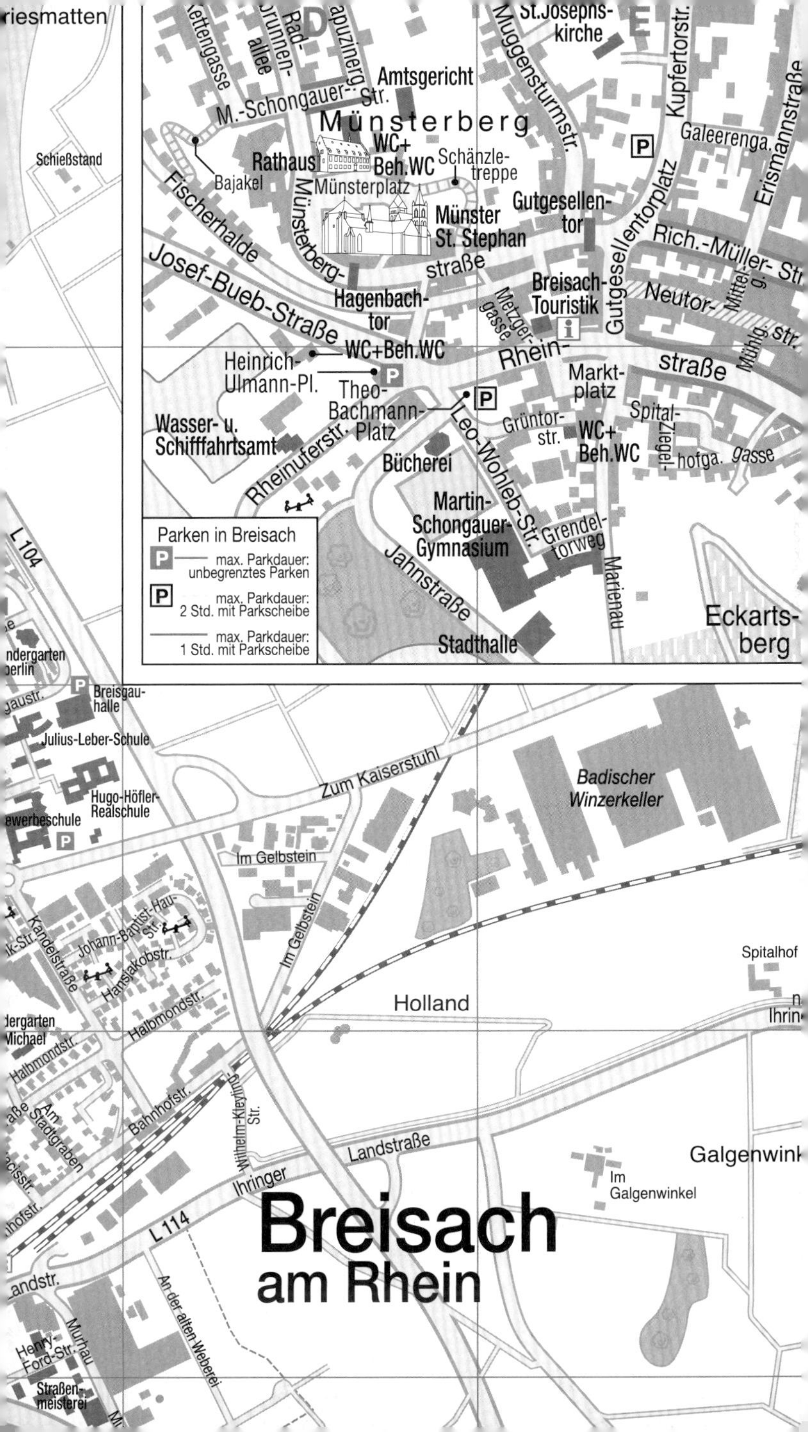

Breisach
am Rhein
Münsterberg
Rathaus
WC+
Beh.WC
Münsterplatz
Münster
St. Stephan
Schänzle-
treppe
Bajakel
Amtsgericht
M.-Schongauer-Str.
Kettengasse
Rad-
brunnen-
allee
Kapuzinerg.
Muggensturmstr.
St.Josephs-
kirche
Kupfertorstr.
Galeerenga.
Erismannstraße
Gutgesellen-
tor
Gutgesellentorplatz
Rich.-Müller-Str.
Neutor-
Mittel-g.
Mühlg.
str.
Fischerhalde
Münsterberg-
straße
Josef-Bueb-Straße
Hagenbach-
tor
Metzger-
gasse
Breisach-
Touristik
Rhein-
straße
WC+Beh.WC
Heinrich-
Ulmann-Pl.
Theo-
Bachmann-
Platz
Marktplatz
Spital-
hofga.
Ziegel-
gasse
Grüntor-
str.
WC+
Beh.WC
Leo-Wohleb-Str.
Wasser- u.
Schifffahrtsamt
Rheinuferstr.
Bücherei
Martin-
Schongauer-
Gymnasium
Grendel-
torweg
Marienau
Jahnstraße
Stadthalle
Eckarts-
berg
Parken in Breisach
max. Parkdauer:
unbegrenztes Parken
max. Parkdauer:
2 Std. mit Parkscheibe
max. Parkdauer:
1 Std. mit Parkscheibe
Riesmatten
Schießstand
L 104
Kindergarten
Oberlin
Breisgau-
halle
Julius-Leber-Schule
Hugo-Höfler-
Realschule
Gewerbeschule
Zum Kaiserstuhl
Badischer
Winzerkeller
Im Gelbstein
Kandelstraße
Johann-Baptist-Hau-
Str.
Hansjakobstr.
Halbmondstr.
Kindergarten
St. Michael
Am
Stadtgraben
Bahnhofstr.
Wilhelm-Kleylind-
Str.
Holland
Spitalhof
Landstraße
Ihringer
L 114
Galgenwinkel
Im
Galgenwinkel
An der alten Weberei
Henry-
Ford-Str.
Murhau
Straßen-
meisterei

Register

Ortsregister (allgemein)

Ortsregister (Breisach)

Personenregister

Bildnachweis

A+K Verlag, Freiburg (www.akverlag.de): 146/147
https://stock.adobe.com: 8 (Morphart), 9 (magann), 19 (manza), 20 (Ilhan Balta), 22 (tauav), 37 (Pixel62), 43 (christiane65), 68 (ISO-68), 72/73 (GDMpro S.R.O.), 75 (foxytoul), 85 (Pixel62), 95 (Uwalthie Pic Project), 137 (travelpeter)
https://commons.wikimedia.org: 11, 24, 27, 44, 47, 62, 64, 65, 67, 70, 77, 88, 96, 101, 107, 135
Landesamt für Denkmalpflege im Regierungspräsidium Stuttgart: 49
Stadtarchiv Breisach, Bestand Bildsammlung: 111, 113, 115, 123, 127

Umschlagmotive
vorne: Postkarte der Stadt Breisach aus dem Jahr 1899 (Verlagsarchiv)
hinten: Blick auf den historischen Münsterberg in Breisach (stock.adobe.com, Leonid Andronov)